书法经典示范＋视频

汉隶《曹全碑》

闵远亮 编著

长江出版传媒
湖北美术出版社

目录

汉隶《曹全碑》简介

《曹全碑》，全称《汉部阳令曹全碑》，系东汉王敞等人为部阳令曹全纪功颂德而立。因曹全字景完，所以又名《曹景完碑》。东汉灵帝中平二年（一八五年）十月刻，明万历初在陕西部阳县莘里村出土，今在西安碑林。隶书。碑阳二十行，行四十五字；碑阴五列，第一列只一行，第二列二十六行，第三列五行，第四列十七行，第五列四行。无额。清万经评其书云：『秀美飞动，不束缚，不驰骤，洵神品也。』清孙退谷评谓：『字法遒秀，逸致翩翩，与《礼器碑》前后辉映，汉石中至宝也。』清杨守敬《平碑记》云：『前人多称其分法之佳，至以之比《韩敕》《娄寿》，恐非其伦。尝以质之孺初（潘存），孺初曰：「分书之有《曹全》，犹真行之有赵（孟頫）、董（其昌）。」可谓知言。』该碑为隶书学习的最佳范本之一。

基础知识

一、执笔方法

古人说：『凡学书者，先学执笔。』掌握执笔是学习书法的第一步。这里介绍一种较为常用的执笔方法，叫作『五指执笔法』。五指执笔法是用一只手的五个手指执笔的方法，可分别用『擫』『押』『钩』『格』『抵』五个字来说明每一个手指的作用。擫，即执笔时，拇指要斜而仰地紧贴笔管，力由内向外。押，用食指第一节斜而俯地贴住笔管外方，由外向内出力，和拇指内外相当，配合起来，把笔管约束住。钩，拇指、食指已经捉住了笔管，再用中指的第一节，弯曲如钩地勾着笔管的外方，以加强食指的力量。格，就是用无名指背甲肉相连处从内向外顶住笔管。抵，是指小指要紧贴无名指，助一把劲，顶住中指向内的压力，但小指不要碰着笔管和掌心。五个指头就是这样把笔管紧紧控制在手里，既感到牢固有力，又感到自然轻松。其中，执笔主要靠大拇指、食指和中指的力量，无名指和小指起辅助作用。

二、运笔方式

运笔即用手腕运转毛笔。要学会运笔，就要弄清楚指、腕、臂各个部位的作用及其相互关系。一般来说，指的作用主要在于执笔，腕、臂的作用在于运笔。根据书写字的大小不同，可分为枕腕、悬腕、悬肘三种姿势。（一）**枕腕**：左手掌心向下平放在胸前桌面上，右手腕搁在左手手背上。枕腕能使腕部有依托，因而执笔较稳定。枕腕较适宜书写小字，而不适宜书写大字。（二）**悬腕**：肘关节立于桌面，手腕悬起书写。悬腕比枕腕扩大了运笔范围，能较轻松地运动手腕，所以适宜书写六厘米至九厘米见方的中楷、大楷。但悬腕难度大，须经过训练才能得心应手。（三）**悬肘**：肘关节离开桌面悬起书写。悬肘能全方位顾及字的点画和笔势，能使指、腕、臂各部分自如地调节摆动，因此多数书法家喜用此法。

三、基本笔法

（一）**逆锋**：在起笔时取一个和笔画前进方向相反的落笔动作，将笔锋藏于笔画之中，这种方法叫逆锋或藏锋。（二）**回锋**：当书写至笔画末端时，将笔锋回转，藏锋于笔画内。收笔回锋可使笔画饱满有力。（三）**中锋**：又称正锋，是指书写时笔锋始终在笔画中间运行，笔毫铺开，笔画两边如界，圆润饱满。（四）**侧锋**：又叫偏锋，运笔时笔锋偏侧于笔画的一边。锋芒外显，易露棱角。（五）**转锋**：

多用于笔画转角曲折之处，也称转笔。在运笔时，连断之间似可分又不可分，显出浑然天成之妙。（六）**顿笔**：即在垂直方向向下用笔的动作，所谓力透纸背为顿。如横画、垂露竖收笔时运用较多。

四、临摹方法

（一）**选帖**：应该从书体、书家、用笔、结字、章法等诸因素来看，尽量采用接近真迹的本子。（二）**读帖**：指在临写之前，认真观察、分析范帖。意思是要像读书一样，去深刻体会、仔细揣摩。孙过庭《书谱》说『察之者尚精』，就是指此。（三）**摹帖**：就是直接将纸铺在范帖上描写。摹帖一般有三种方法：一是双钩法，也叫双钩廓填法。即将字的外形轮廓勾出，然后照空心字描摹。这种方法有利于加深对范字的点画形态的认识。二是描红法，在印有红色范字的纸上描摹。描红法字迹清晰，利于初学。三是单钩，就是把透明纸覆在范帖上，勾出字的点画的中心线，然后按照勾出的单线描摹。此法具有半摹半临的性质，对范帖上字的点画、结构掌握极其有效。（四）**临帖**：临帖就是把范帖放在面前，凭着观察、理解和记忆，进行反复临写。临帖也有四种方法：一是对临法，把范帖放在眼前对照着写，刚开始只看一画写一画，逐渐做到看一次写一个偏旁、一个完整字和几个字。二是背临法，不看范帖，凭记忆书写临习过的字。背临不再死记硬背具体形态，但求能写出最基本的特点。三是意临法，不求局部点画逼真，要把注意力放在对范帖神韵的整体把握上。各种写法都应在原帖的其他地方有出处。四是创临法，根据对范帖笔画、结体、篇章和风格的认识，书写范帖上没有的字，或联字成文，创作作品。创临法有较大的自主性和灵活性，它是临帖的最后一个阶段，也是出帖的开始。

《曹全碑》用笔和结构特点

一、《曹全碑》用笔特点

（一）笔形经典，丰富多变。从笔画形态来看，其点画、横波、波挑、波磔等各类笔画形态完美，情趣多端，充分展示了成熟汉隶的面貌。在不同的字境中，相同的笔画具有不同的变化，达到了很高的艺术境界。（二）圆实活脱，刚柔相济。《曹全碑》的笔画以圆实的篆籀笔意为主，形质极佳，其笔性极为活脱。但此碑笔意并非纯粹的『圆匀』，劲峭与刚健的线形在笔画交错之间时时可见，这一点在笔画的起、行、收处，均得到了充分的反映。（三）静中寓动，曲直相谐。《曹全碑》的行笔以稳健为主基调，轻松而匀净，毫无『鼓努为力』般的刻意。在处理笔画曲直关系时也颇用巧思，短画多直，长画善曲，直曲相谐，动静自现，使字产生节奏韵律之美。（四）轻重相和，提按丰富。以笔形而论，此碑以细线为主调，其细而不弱，质感『圆如椽』。在细线组合之外，粗笔画的出现也使得整个字具有了出奇的神采，丰富了提按用笔。

二、《曹全碑》结构特点

（一）横向取势，结体扁平。《曹全碑》中，凡是能够左右展放的笔画尽量展放，字形宽博，而且有很强的动势。如『张』字左边的『弓』字钩画奋力向左伸展，右边的『长』字捺用力向右伸展，该字体势分张，结体扁平的特点非常突出。（二）中宫紧收，四周舒展。《曹全碑》极力收紧中宫，四周笔画之间相对疏散，放纵波画、撇画、捺画，形成中敛旁肆的结构特征，给原本静稳的结体带来了飞动之感。（三）主笔定位，重心多变。主笔写得长而重，它能够决定字的重心，由于主笔的位置不同，因此字的重心也不固定。《曹全碑》许多字的重心不断互换移位，造成结体上的险绝之势，既突出运用了主笔，又丰富了其重心的变化。

基本笔画

隶书的基本笔画有点、横、竖、撇、捺、钩、提、折等八种。临写时要掌握其用笔规律，要从形态、走向、长短、肥瘦和笔势等几个方面去琢磨，对各种笔画的起笔、行笔、收笔的全过程了然于心，这样才能写出标准的隶书笔画。

直横

逆锋起笔，稍顿，调锋向右中锋行笔，收笔可出锋或回锋。起笔略重，收笔略轻，中间平直。

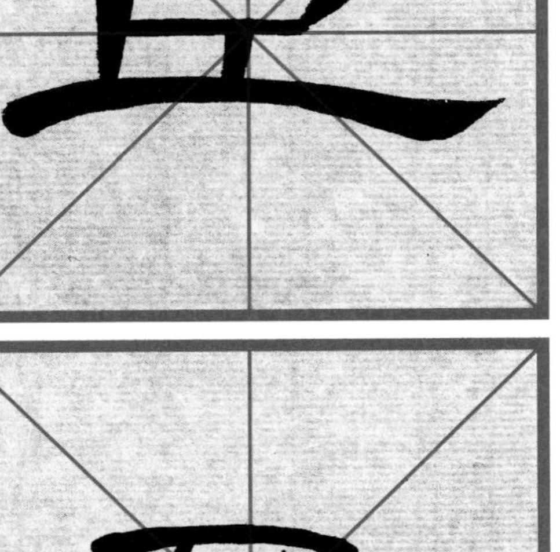

曲横

逆锋起笔，稍顿，调锋向右中锋行笔，收笔可出锋或回锋。起笔略重，收笔略轻，中间略呈弧形。

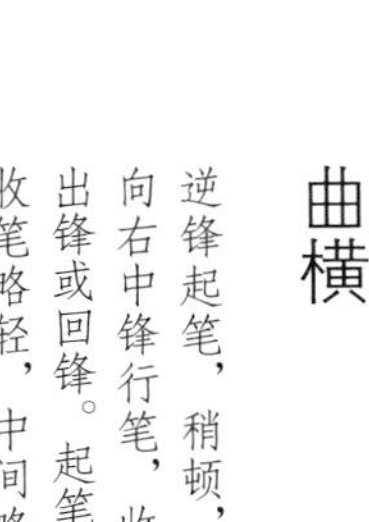

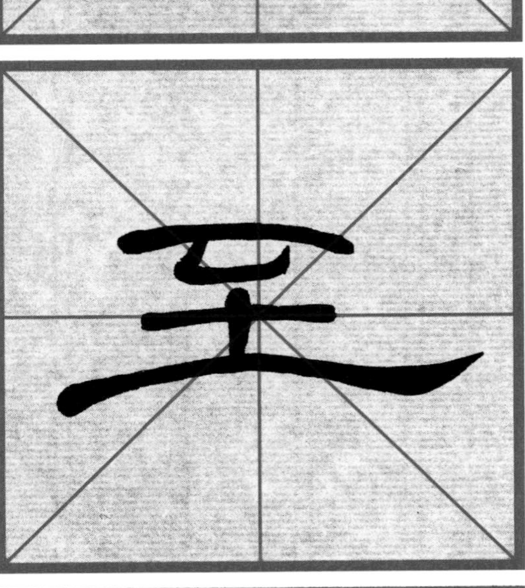

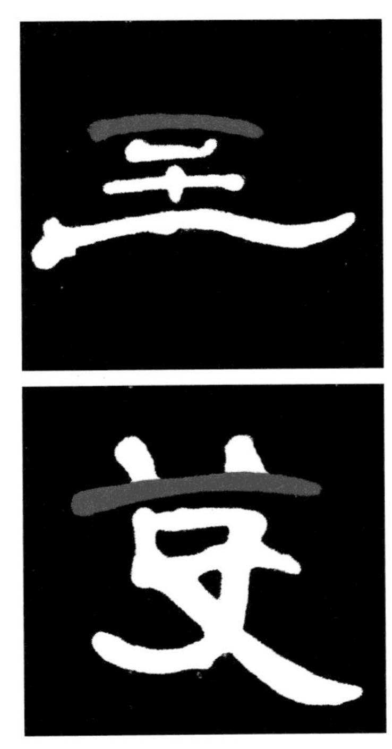

方头长横

逆锋起笔，形方、略大，调锋向右中锋行笔，中间略细，呈弧形，两头粗，至末端加重，然后由重到轻向右上方提笔出锋。

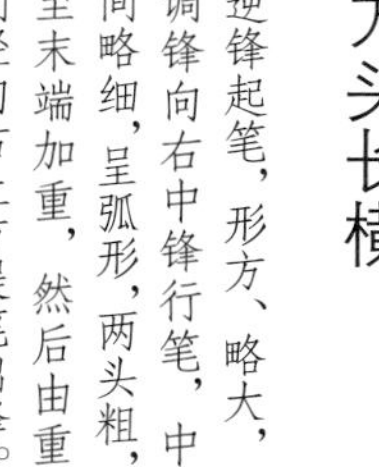

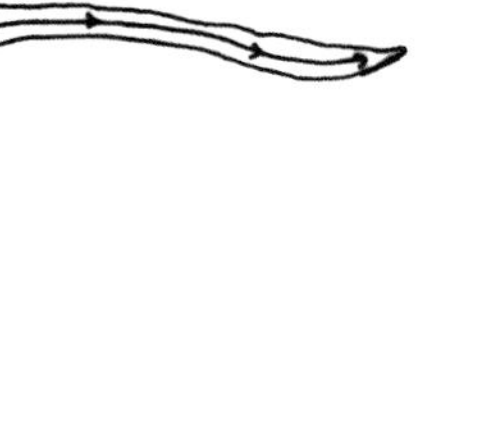

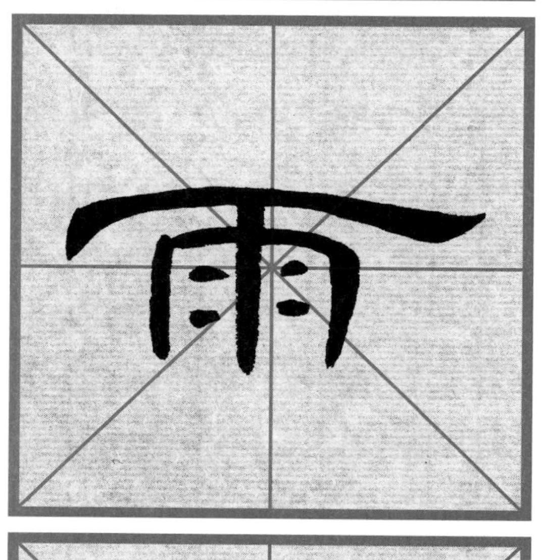

圆头长横

逆锋起笔，稍顿，调锋向右中锋行笔，中间呈弧形，至末端加重，再由重到轻，向右上方提笔出锋。

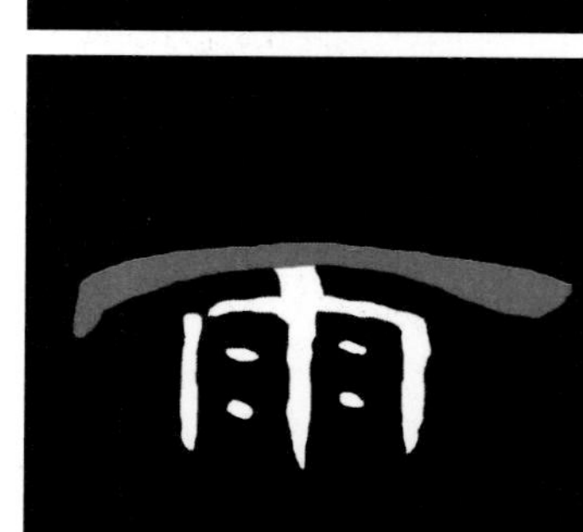
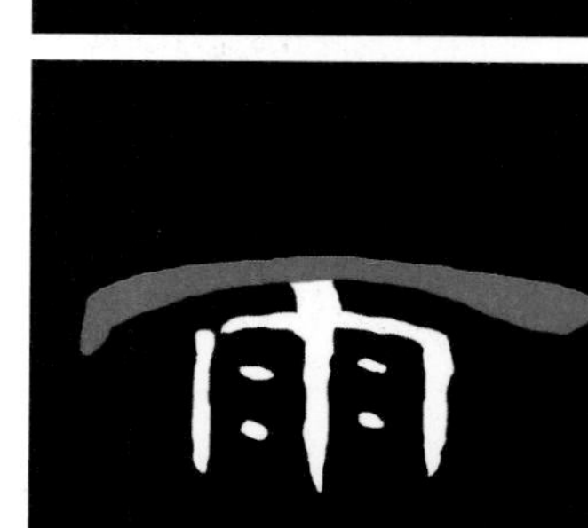

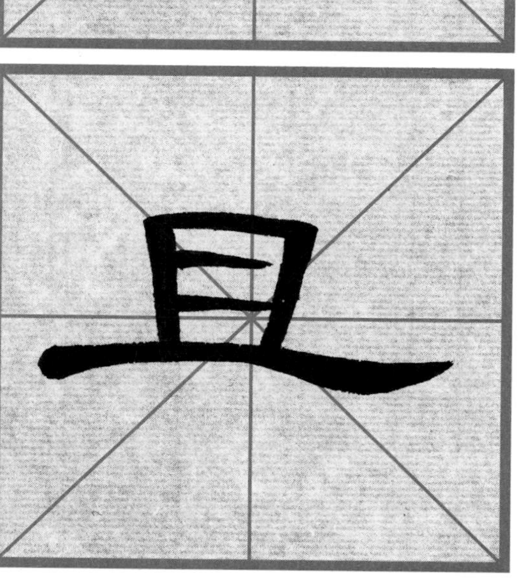

曲头长横

逆锋起笔，稍顿，调锋向右上方行笔，再转笔向右中锋行笔，中间呈弧形，至末端加重，然后由重到轻向右上方提笔出锋。

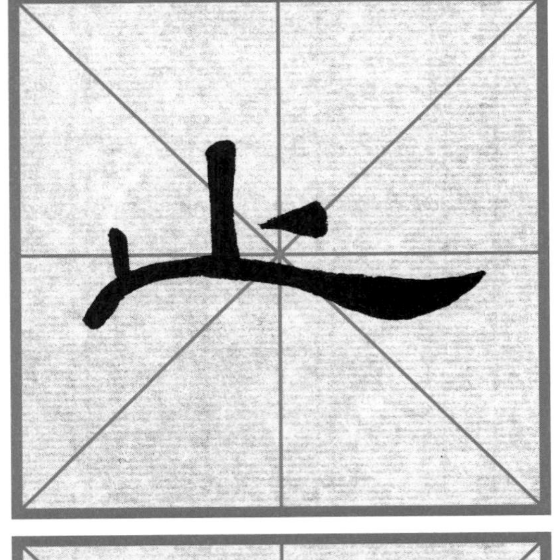

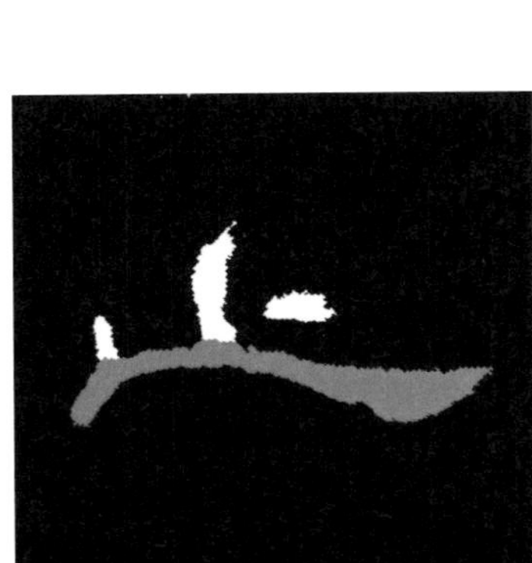

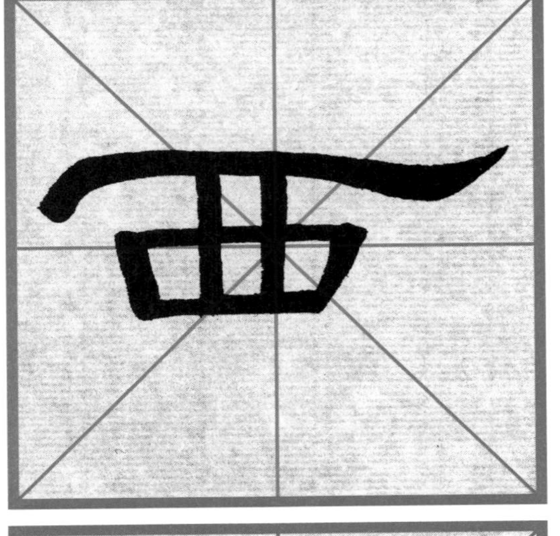

短横

逆锋起笔，稍顿，调锋向右行笔，至末端把笔慢慢提起收笔。起笔圆，收笔勿太尖。

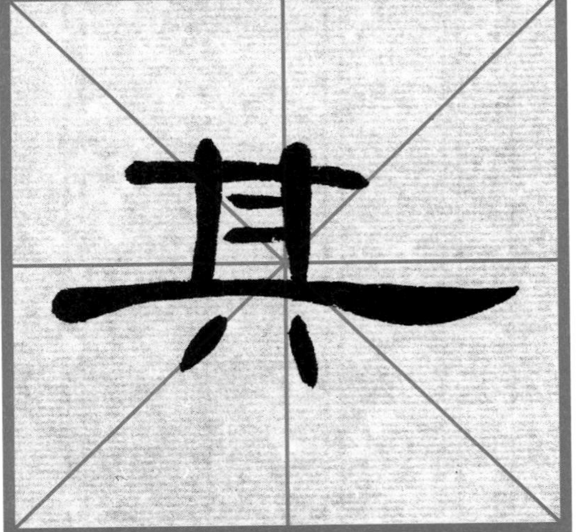

右尖横

逆锋起笔，稍顿，调锋向右中锋行笔，至末端渐行渐提。起笔圆，收笔不回锋，宜轻。

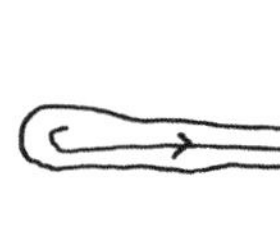
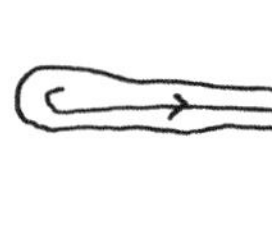
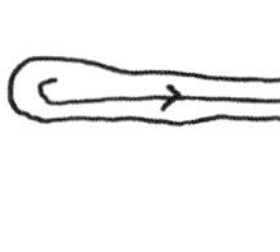

垂露竖

逆锋起笔，稍顿，调锋向下垂直行笔，至末端出锋收笔。

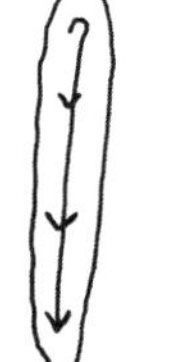
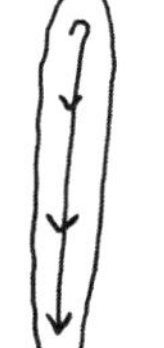
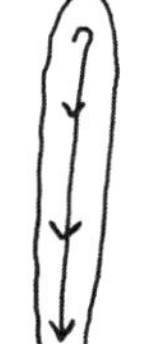

悬针竖

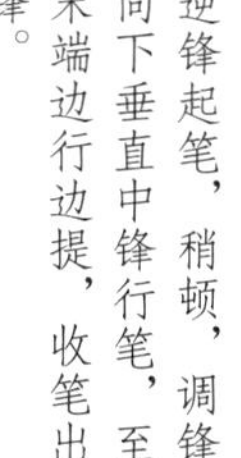

逆锋起笔，稍顿，调锋向下垂直中锋行笔，至末端边行边提，收笔出锋。

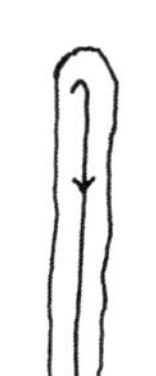

弯尾竖

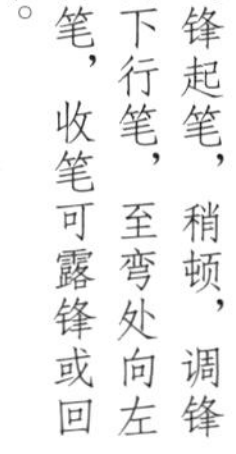

逆锋起笔，稍顿，调锋向下行笔，至弯处向左行笔，收笔可露锋或回锋。

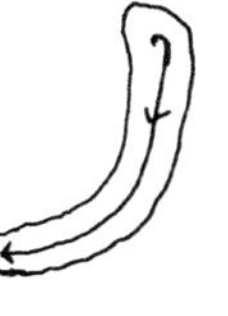

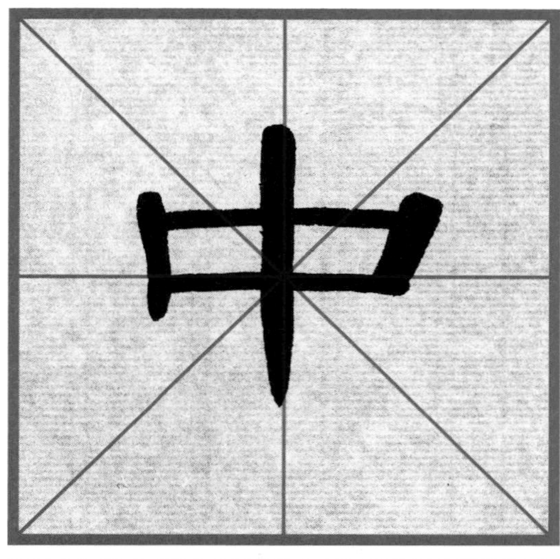
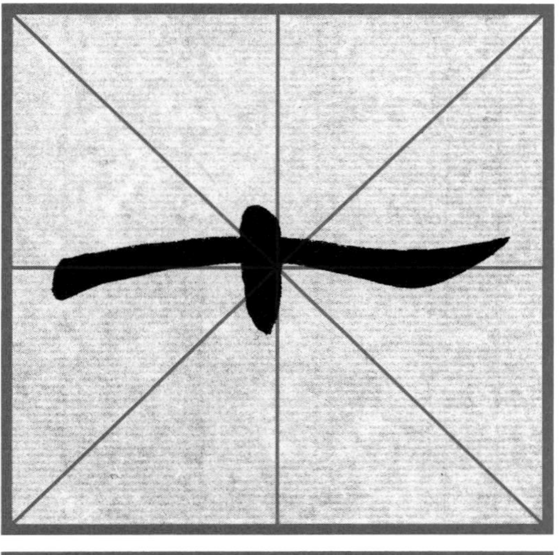

尖头撇

顺锋轻入笔，边行边按，由轻到重，至末端回锋收笔。

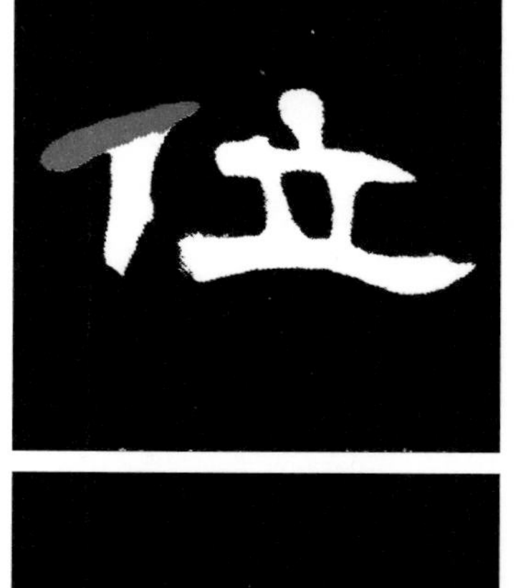
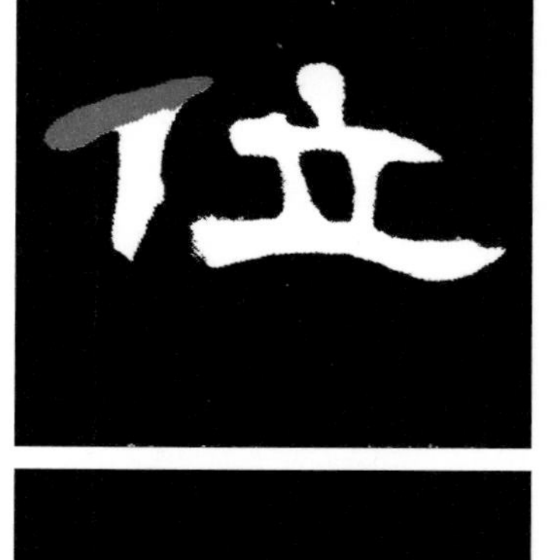

短撇

逆锋起笔，稍顿，调锋向左行笔，由粗到细，提笔出锋。

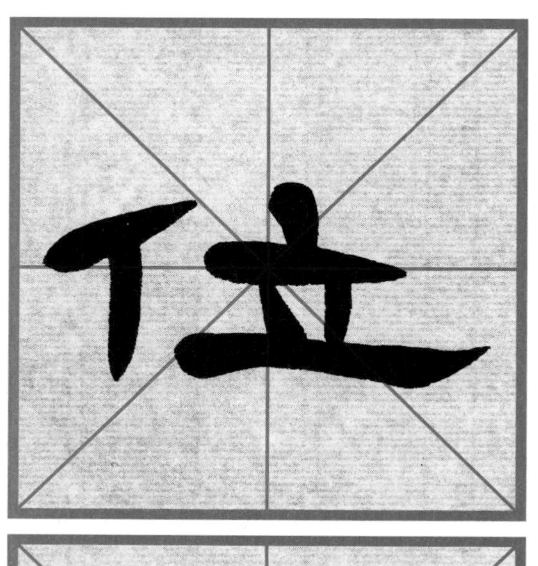
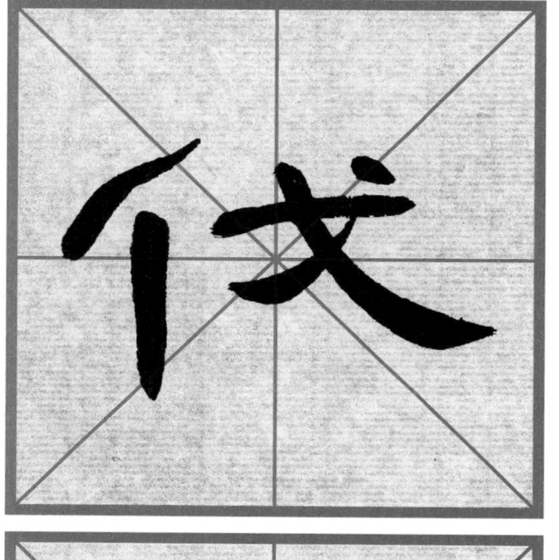

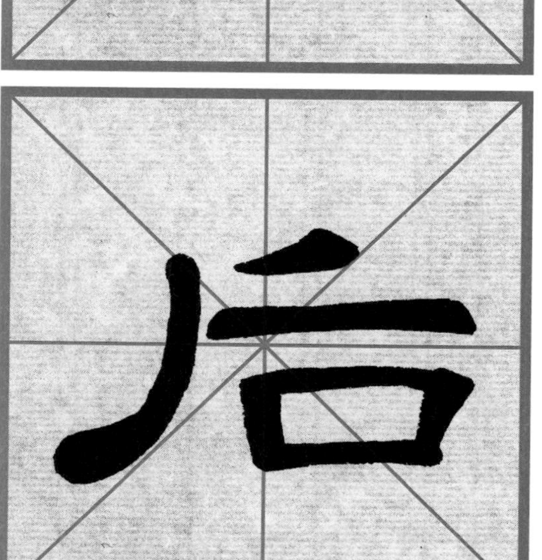

长撇

逆锋起笔，调锋向左下方斜行，至末端略回锋收笔，形态长而舒展。

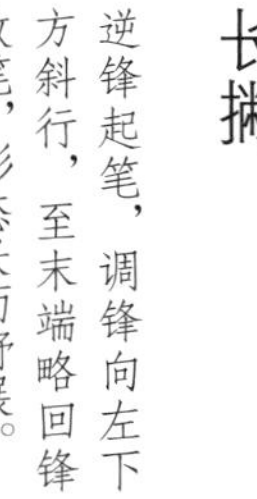

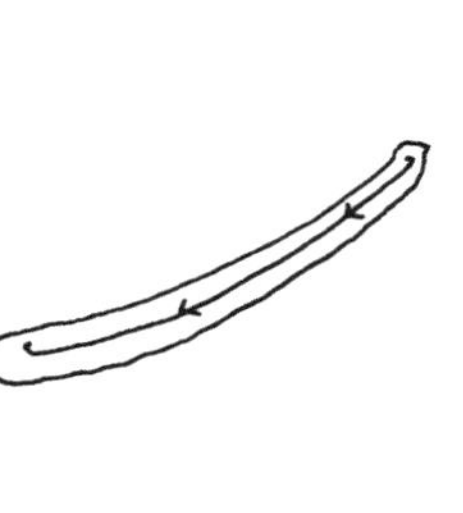

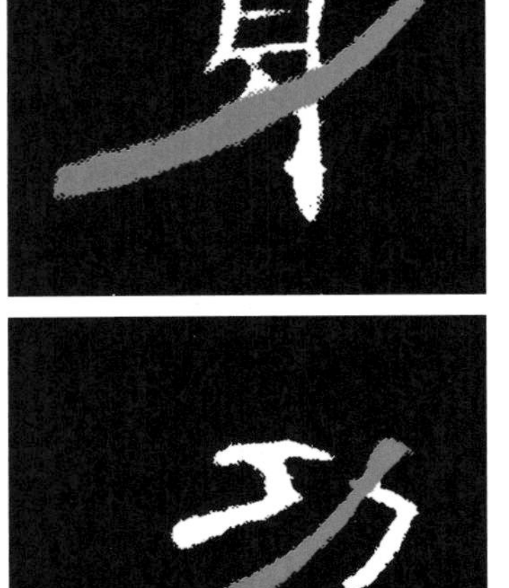
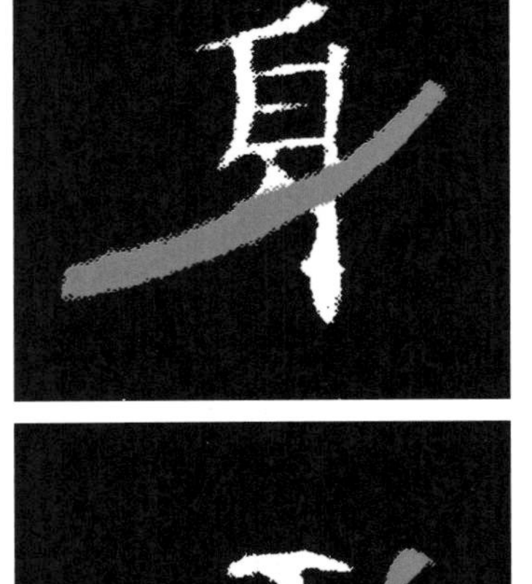

直撇

顺锋轻入笔，向左边行边按，由轻到重，至末端回锋收笔，中间形直，收笔宜缓。

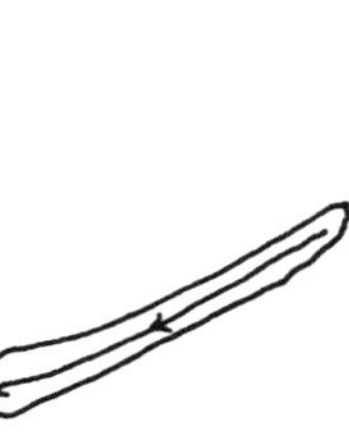

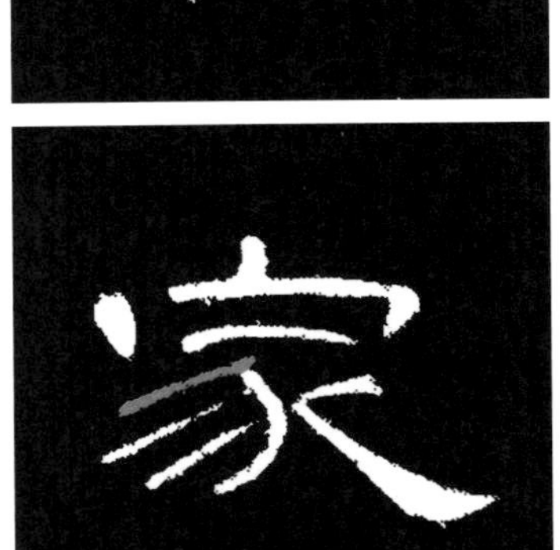

弯尾撇

逆锋起笔，调锋向下方斜行，至弯处向左行笔，收笔可露锋或回锋。

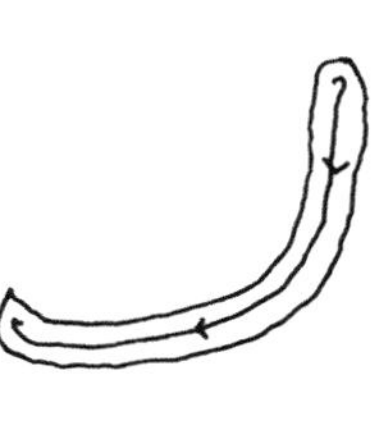

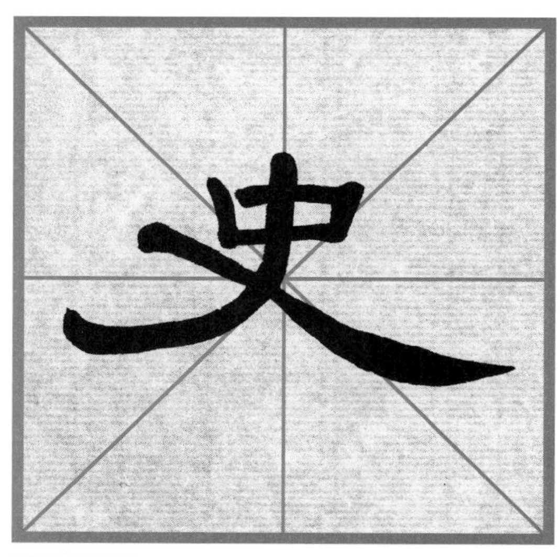

横撇

逆锋起笔，调锋向右行，由重到轻，至折处轻提，然后向下斜行笔，至弯处向左行笔，回锋收笔。

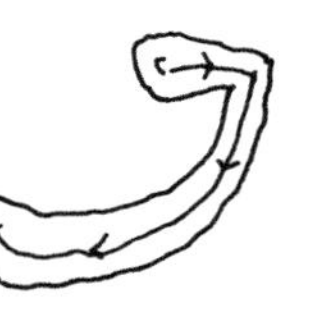

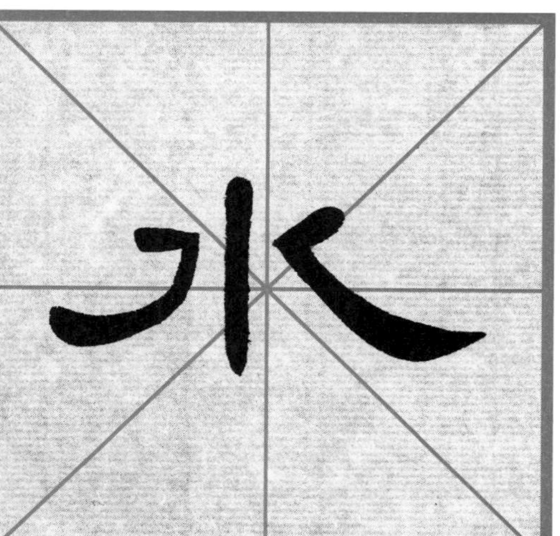

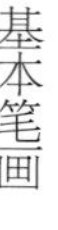

直捺

逆锋起笔，调锋向右下方斜行，边行边按，由轻到重，行至波脚处稍顿笔，向右上缓缓出锋。

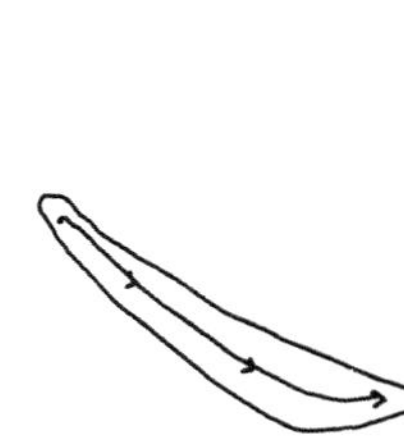

平捺

藏锋起笔，调锋略微向右上行，然后向右下方行笔，行笔时慢慢加重，至波脚处稍顿，提笔向右上方缓缓出锋。

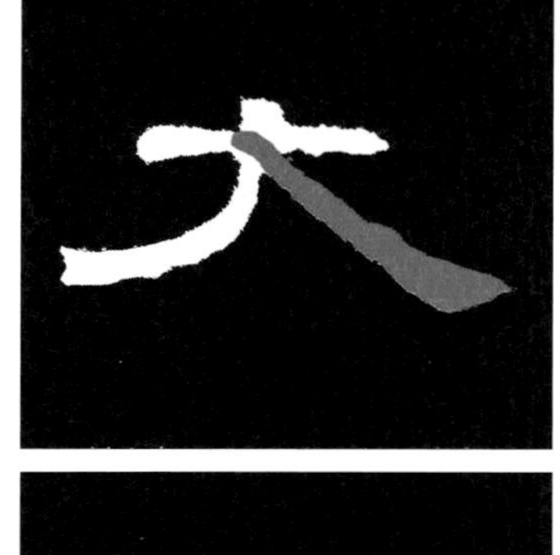

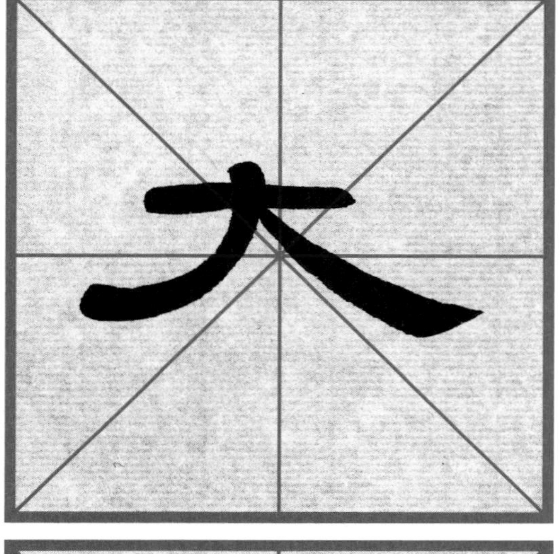
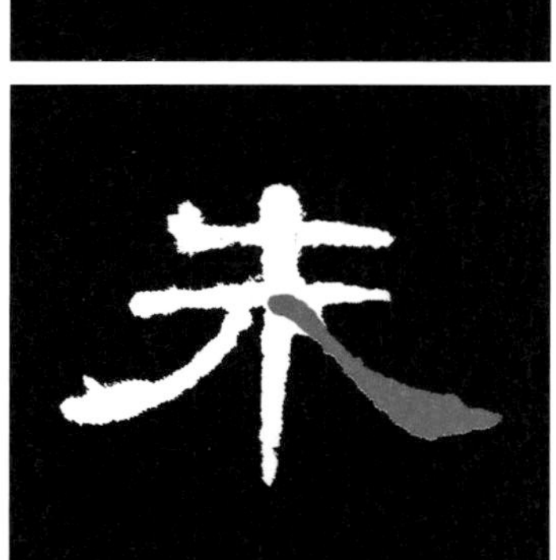
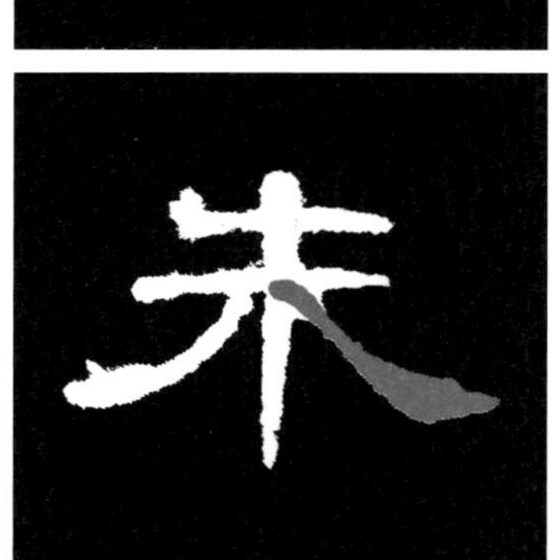
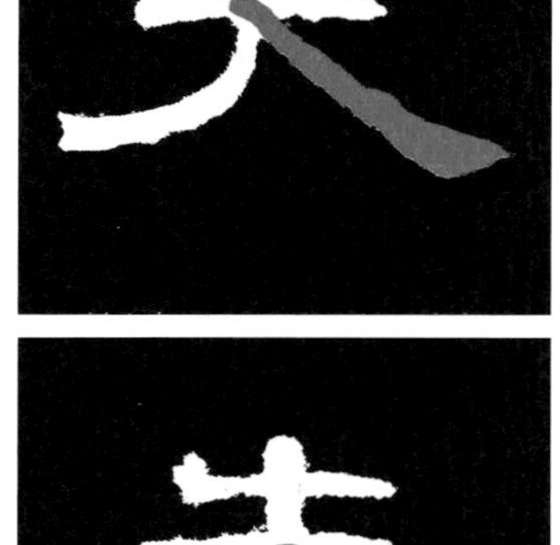

竖点

逆锋向上起笔，稍顿，调锋向下中锋行笔，收笔时略回锋。竖点上宽下窄，但收笔处不可露锋。

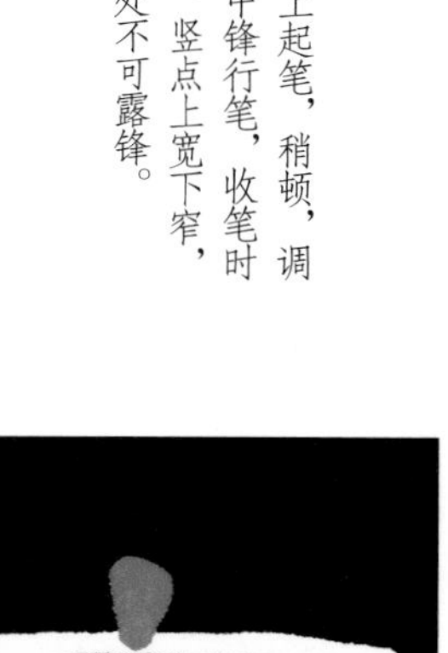
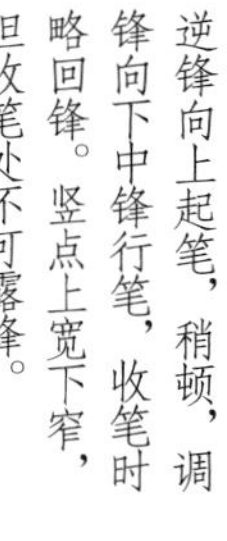
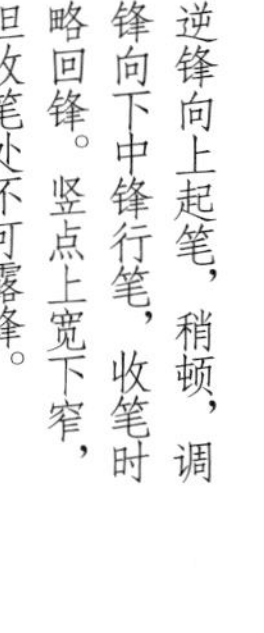
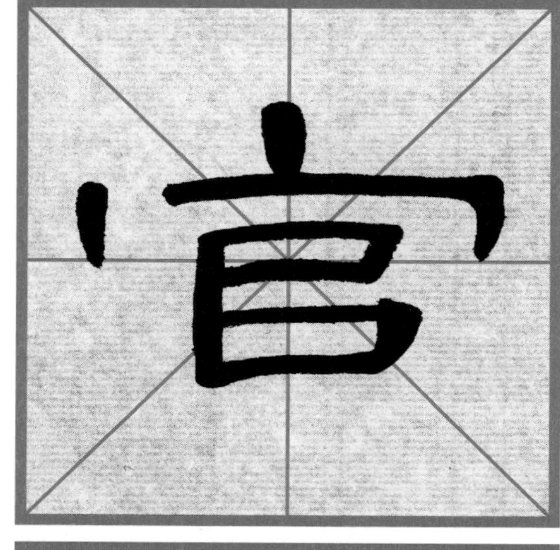

横点

逆锋起笔，起笔形圆、稍重，调锋向右中锋行笔，中间平直，至末端时慢慢提起收笔。

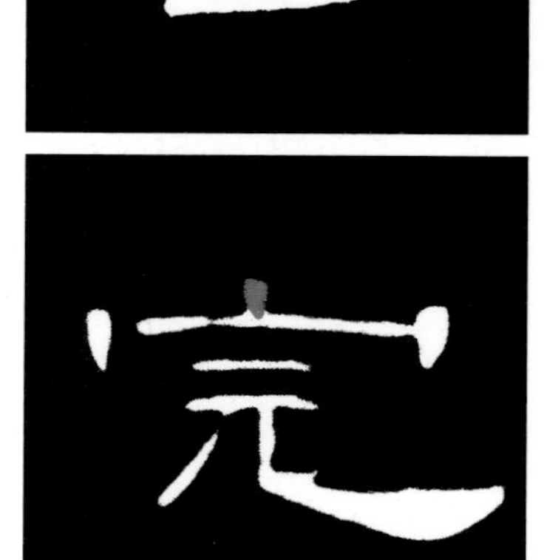

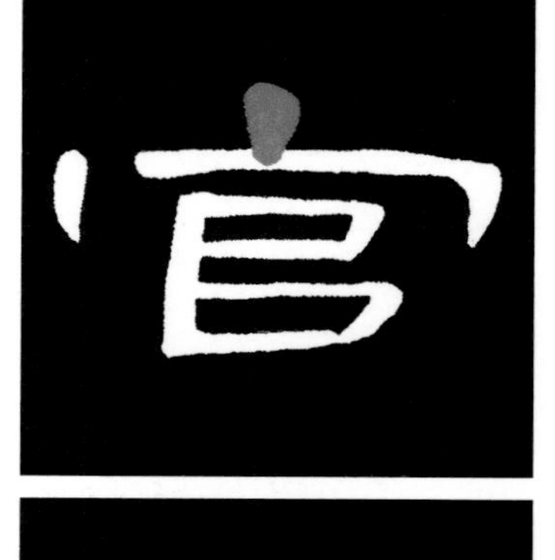
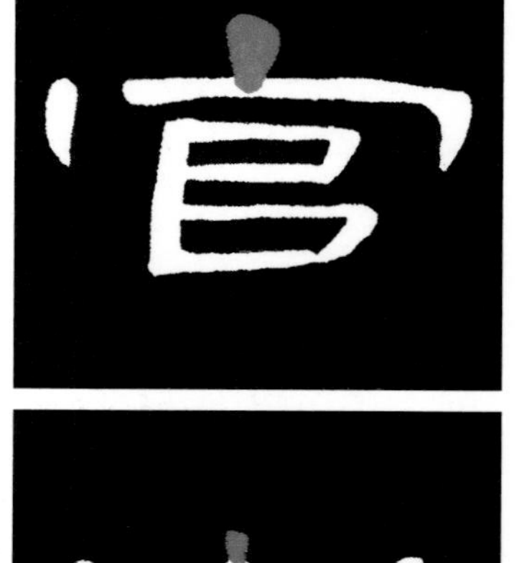
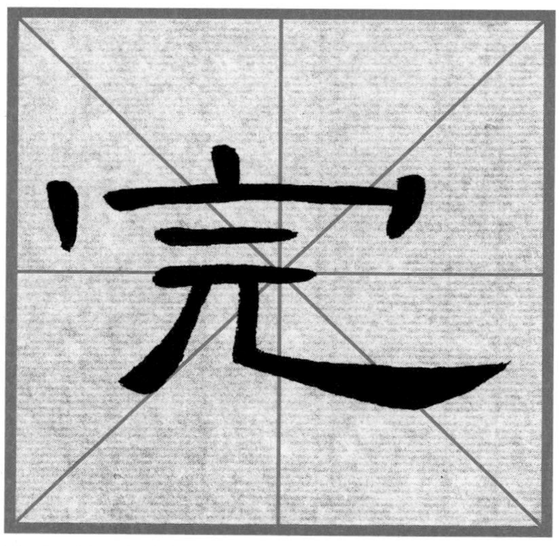
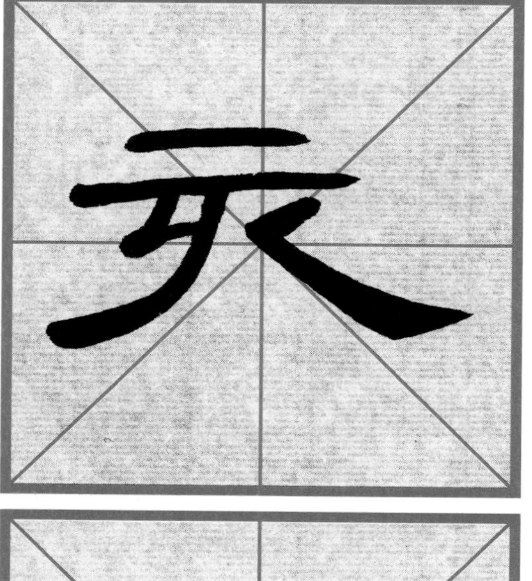

挑点

逆锋起笔，稍顿，调锋向右上方斜行，由粗到细，边行边提笔出锋。

撇点

逆锋起笔，稍顿，调锋向左下方斜行，由重到轻，慢慢提笔出锋。

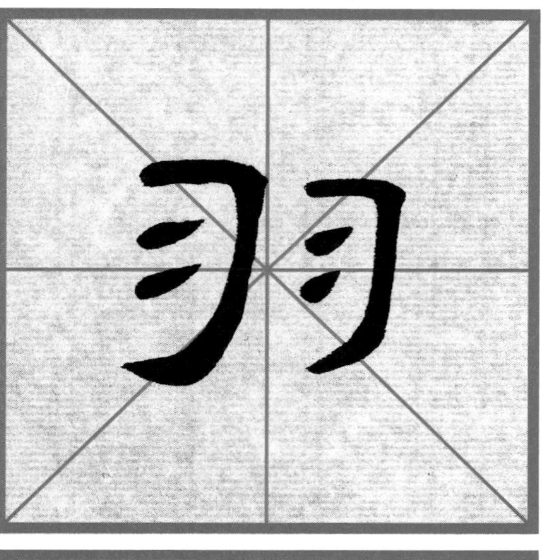

撇折点

逆锋起笔，稍顿，调锋向左下方斜向行笔，至折处稍顿，再向右上中锋行笔，收笔处略轻。

横折点

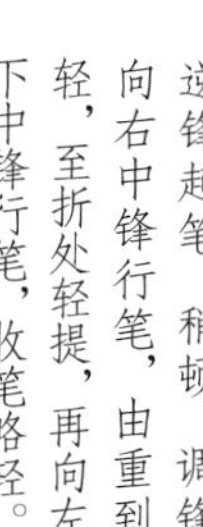

逆锋起笔，稍顿，调锋向右中锋行笔，由重到轻，至折处轻提，再向左下中锋行笔，收笔略轻。

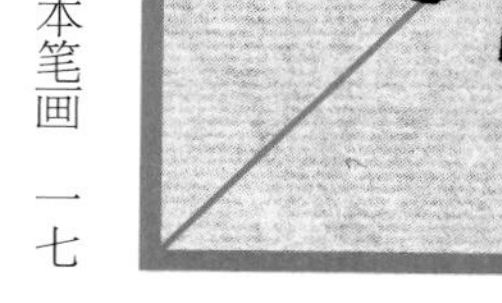

横钩

逆锋起笔，调锋向右中锋行笔，至折处向上轻提，稍顿，再由重到轻，向下提笔出锋。

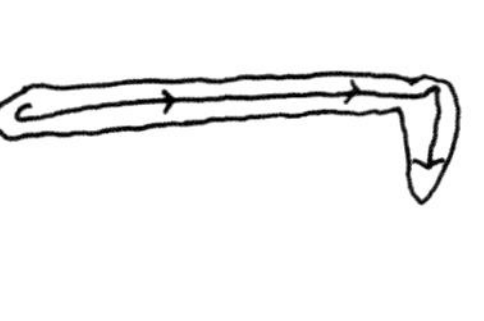

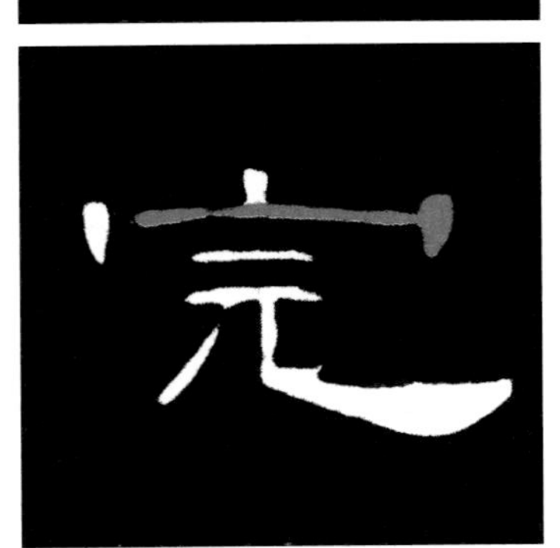

斜钩

藏锋起笔，调锋向右下行笔，呈弧形，由轻到重，至波脚处再由重到轻，向右上方提笔出锋。

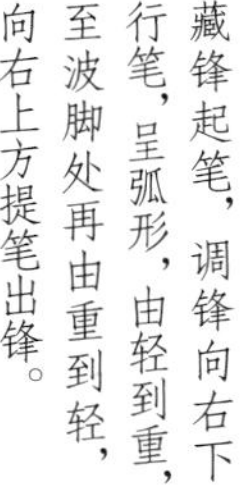
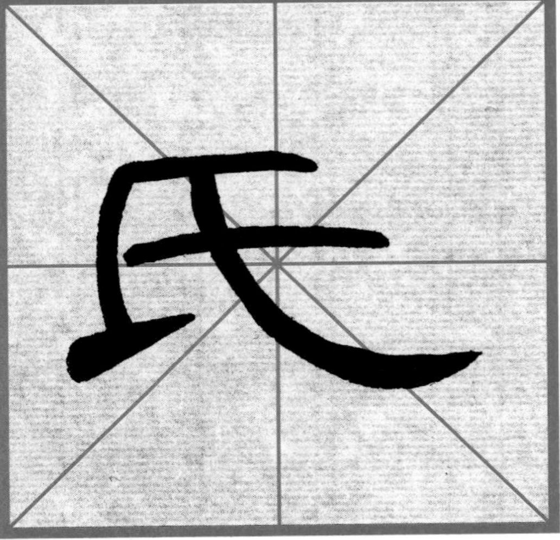

卧钩

逆锋起笔，调锋向右下方中锋行笔，呈弧形，由轻到重，至末端再由重到轻，缓缓提笔出锋。

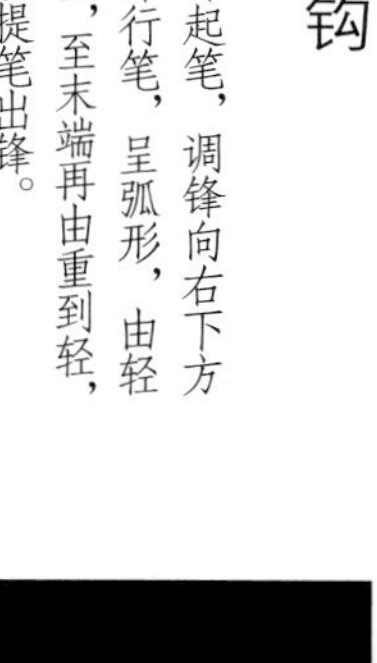

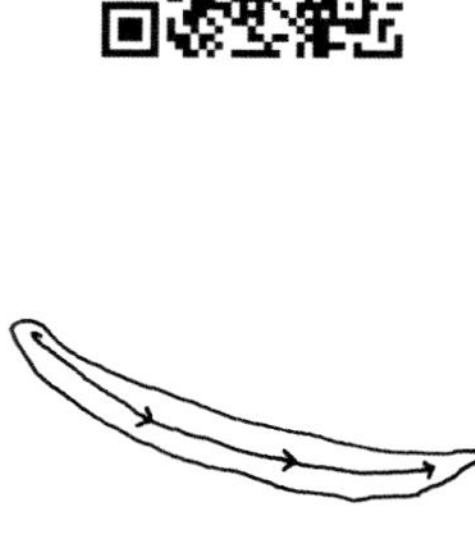
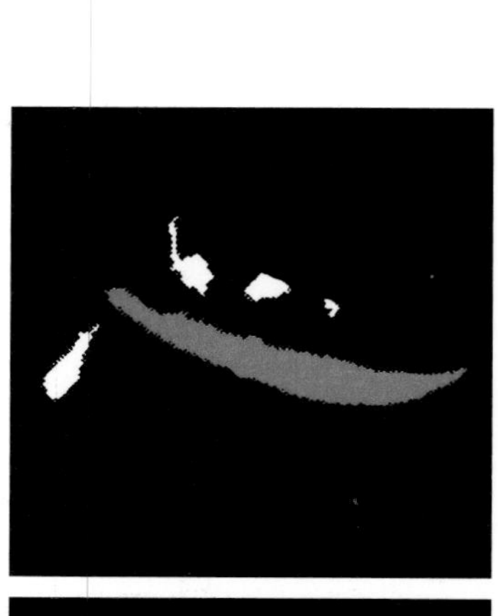
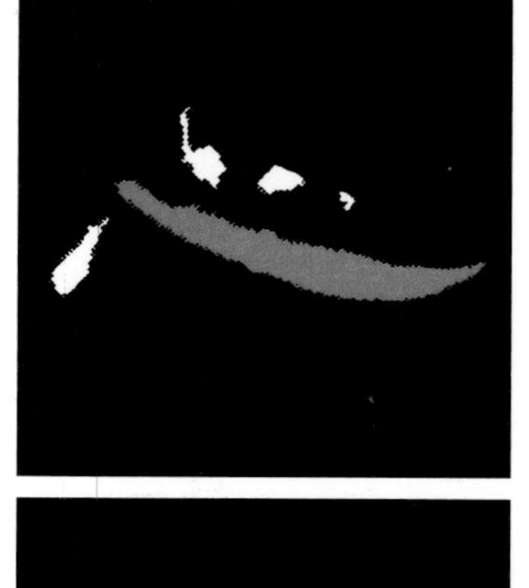

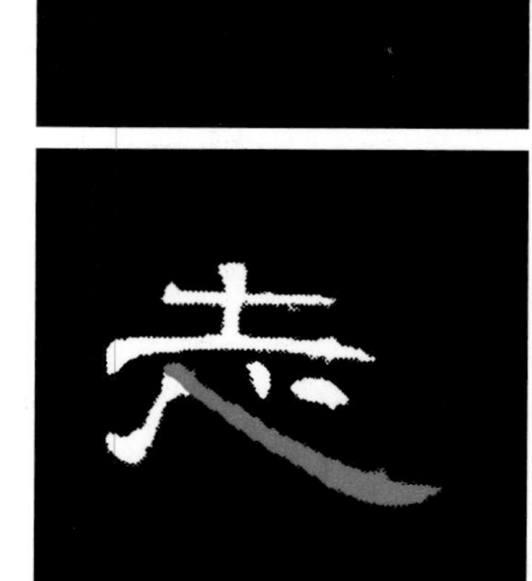
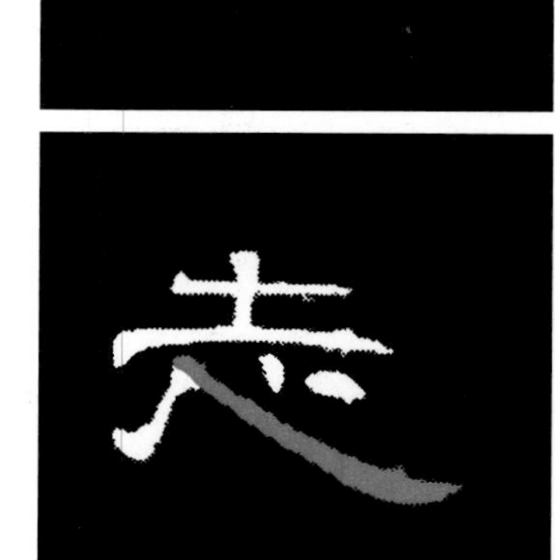

弯钩

藏锋起笔，调锋向左下斜行，至弯处向左上方伸展，收笔出锋或藏锋都可以。

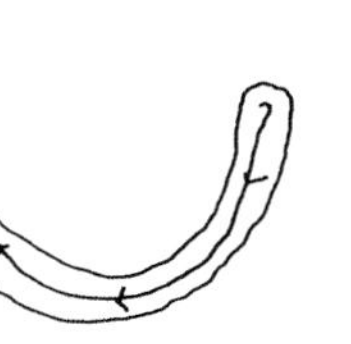
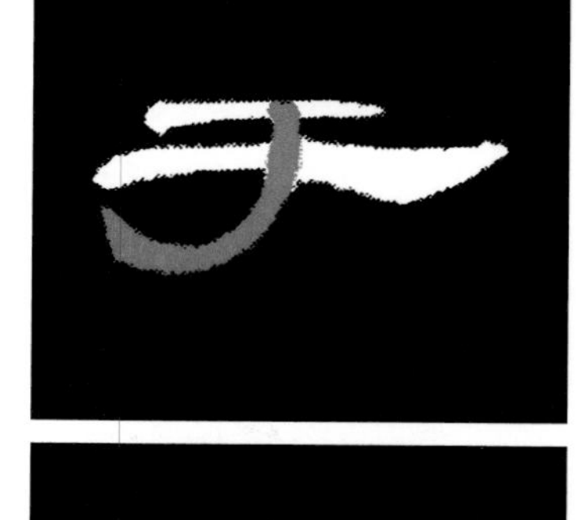

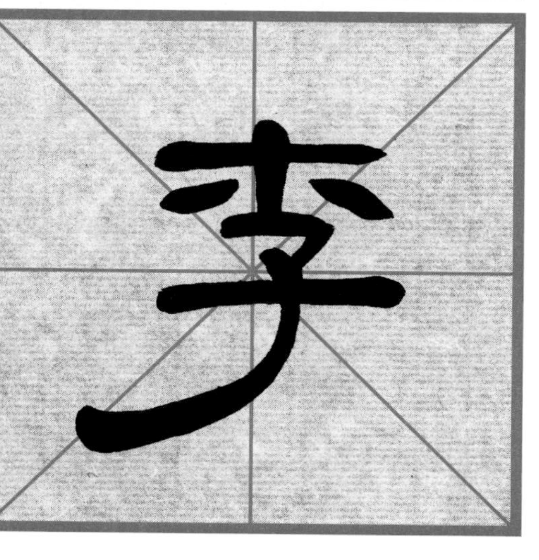

竖弯钩

逆锋起笔，调锋向下中锋行笔，折处向右下斜行笔，由轻到重，至钩处向右上挑出。

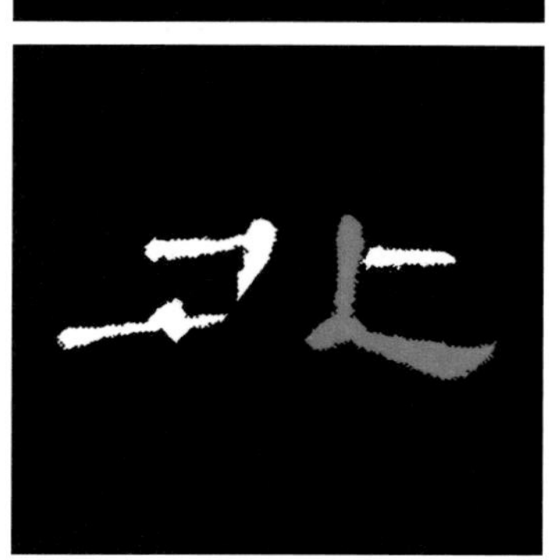

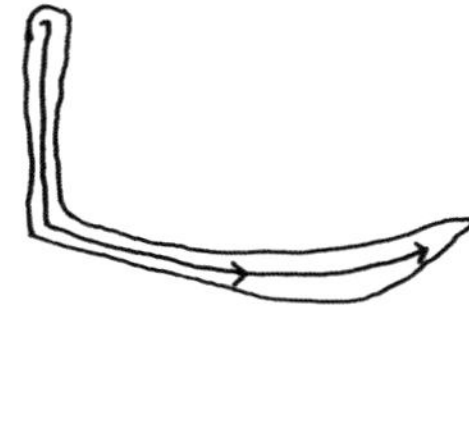

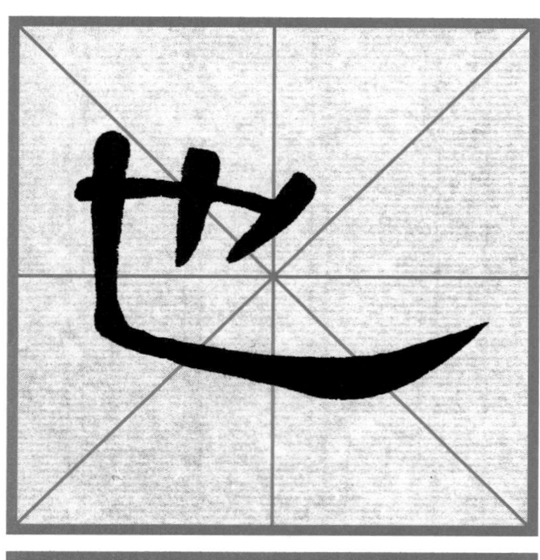

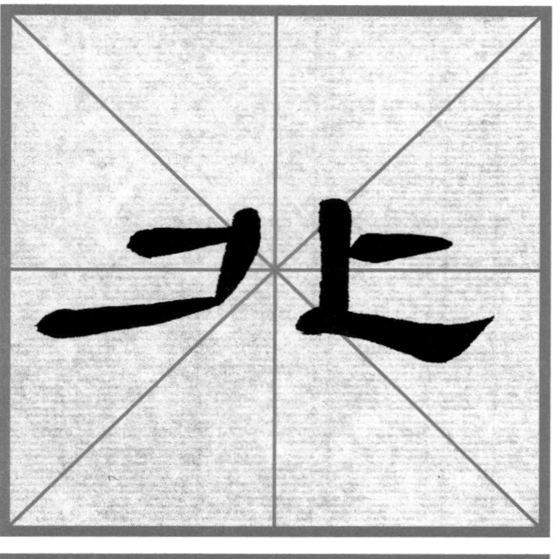

横斜钩

藏锋起笔，调锋向右行笔，中间呈弧形至折处轻提，再顿笔向下中锋行笔，至钩处稍顿，提笔出锋。

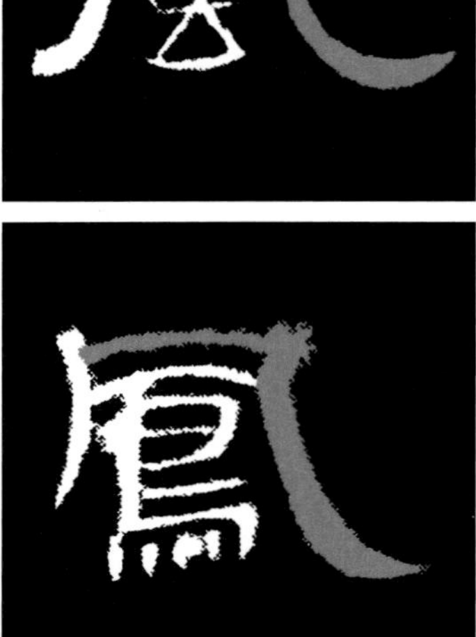

提

逆锋起笔，稍顿，然后调锋向右上方加速提笔，收笔出锋。提笔锋尖不可太长，前粗后细。

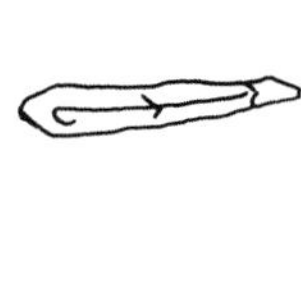

竖提

藏锋起笔，调锋向下行笔，至折处稍停，然后向右上稍快提笔出锋。

撇折

逆锋起笔，然后调锋向左下方斜行笔，至折处稍顿，再向右上方斜行笔。

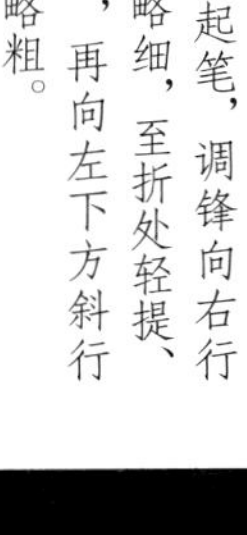

横折

藏锋起笔，调锋向右行笔，略细，至折处轻提、顿笔，再向左下方斜行笔，略粗。

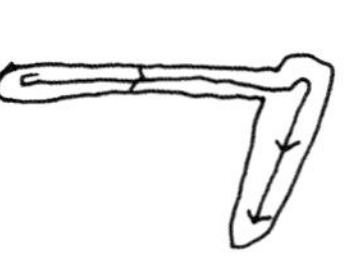

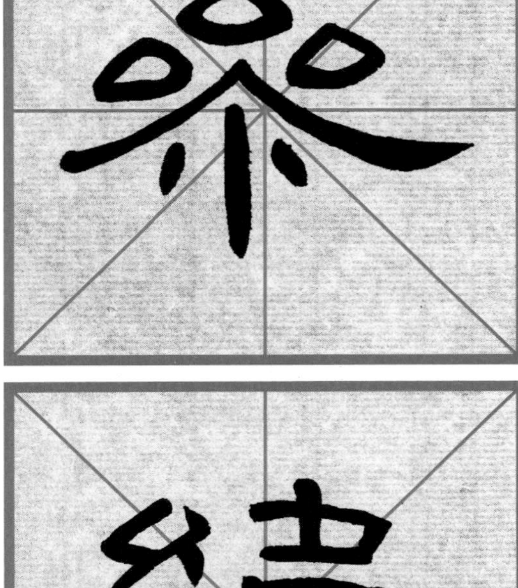

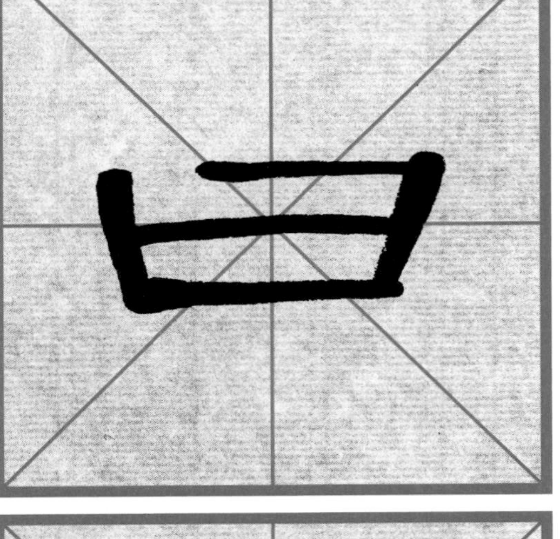

竖折

逆锋起笔，然后调锋向右下方斜行笔，至折处轻提、稍顿，再调锋向右中锋行笔，到末端提、按收笔。

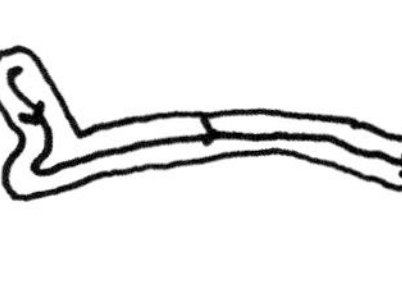

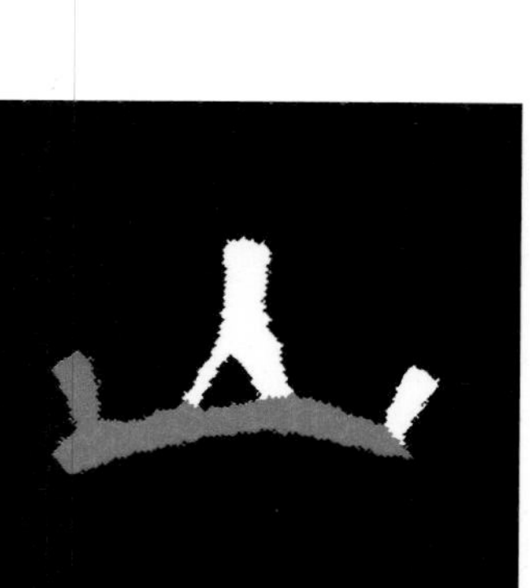

折弯

藏锋起笔，调锋向左下斜行笔，至弯处顺势向右下中锋行笔，至末端提笔出锋。弯要自然，收笔勿重。

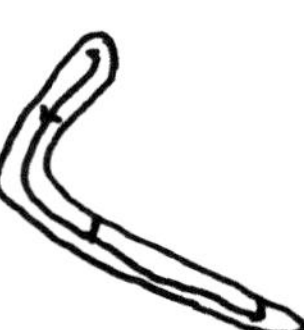
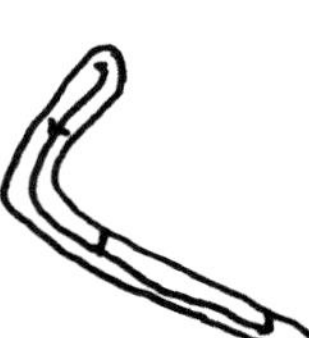

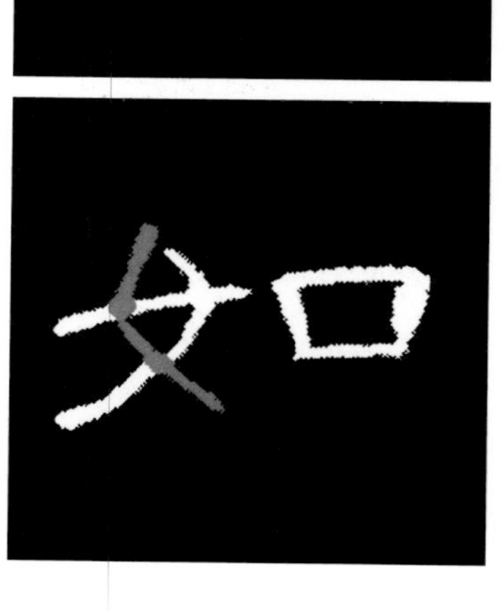

偏旁部首

隶书汉字是方块字，并且大多是合体字。合体字是由偏旁部首和其他结构单位组合而成的，所以练写偏旁部首是写好隶书的基础。因各种部首在隶书中的位置不同，所以书写形态、应占比例及笔画也随之变化，练习时必须细心观察，探究其变化规律，才能达到事半功倍的效果。

单人旁

撇画由细到粗，露锋起笔，回锋收笔，整体较平直。竖画逆锋起笔，垂直向下，回锋轻收笔。

双人旁

首撇短小，稍平，多写成点或短横。第二撇写成横画，并与竖画相连，竖的下端向左弯，收笔与撇的起笔间距要小。

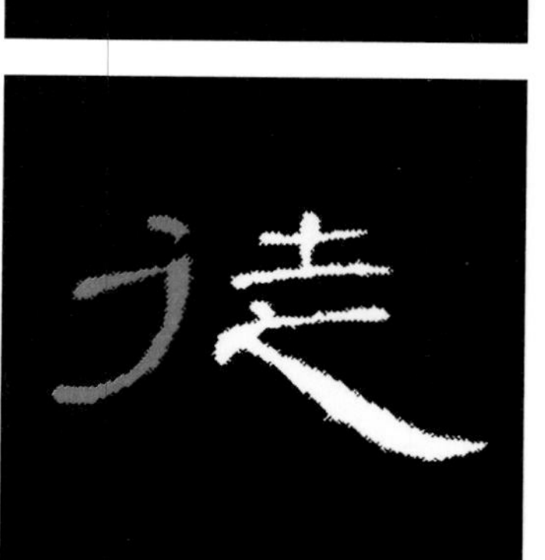

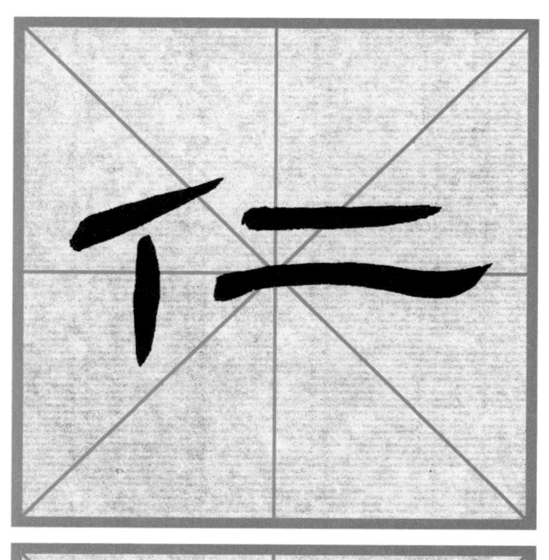

三点水

首点短小而平，中点长而有力，三点均逆锋起笔，向右上方斜行笔。

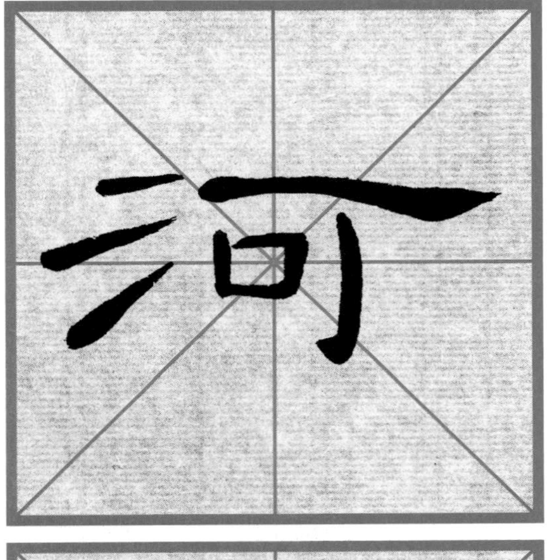

竖心旁

首点写成竖或竖折，比楷书多写一点。末点短小。长竖垂直，宜长。

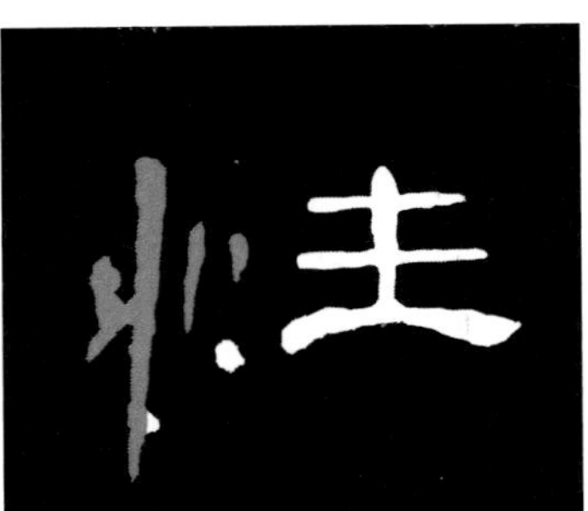

工字旁

形不宜高，略扁方。两横笔皆为平横，收笔略轻，或直或弯。竖笔短小，略向左斜。

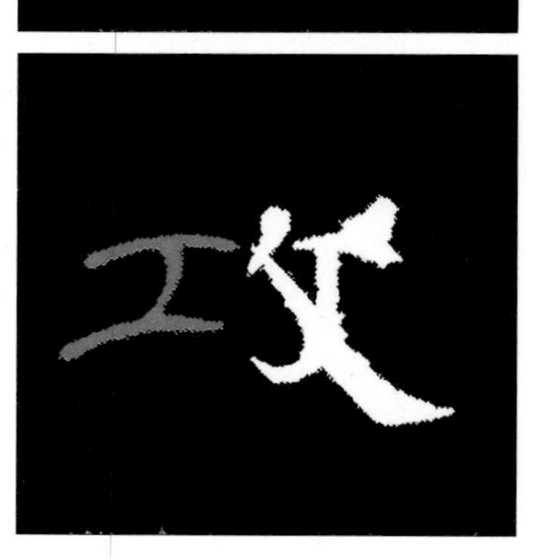

土字旁

形勿大，两横笔之间多一点。两横笔较短，起笔重，收笔轻。竖笔勿高。

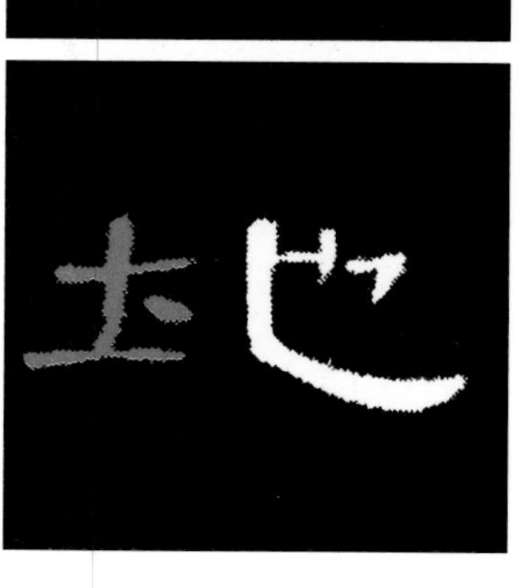

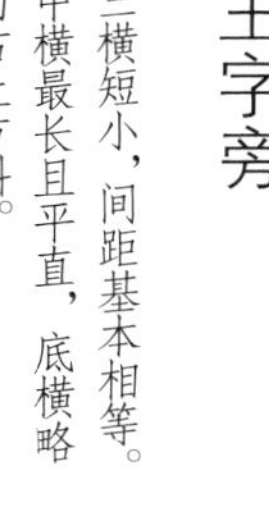

王字旁

三横短小，间距基本相等。中横最长且平直，底横略向右上方斜。

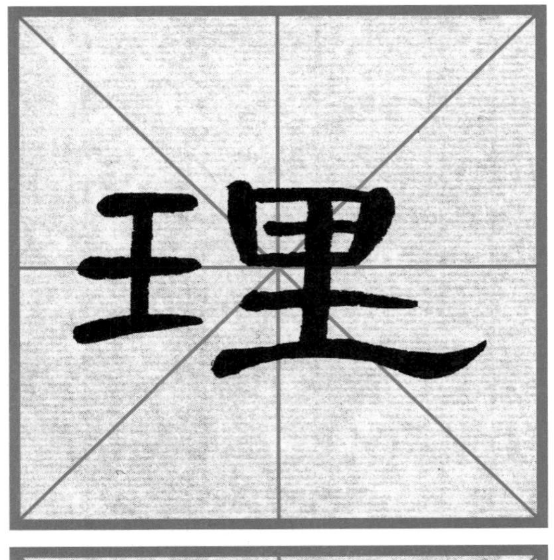

提手旁

提的写法与横相同，提和横短小平直，错落有致；竖钩突出，钩向左伸长。

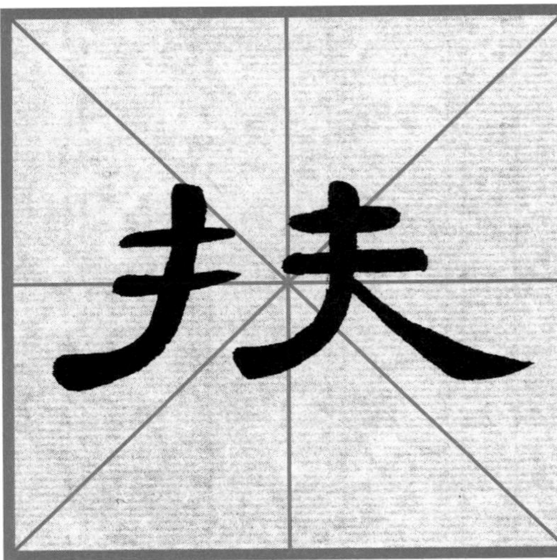

左耳旁

竖画下垂，直而长，耳钩可一笔或两笔完成，宜小，靠上。

山字旁

形小，位置靠上。竖笔间距均等，长短有别，右竖略向内斜。

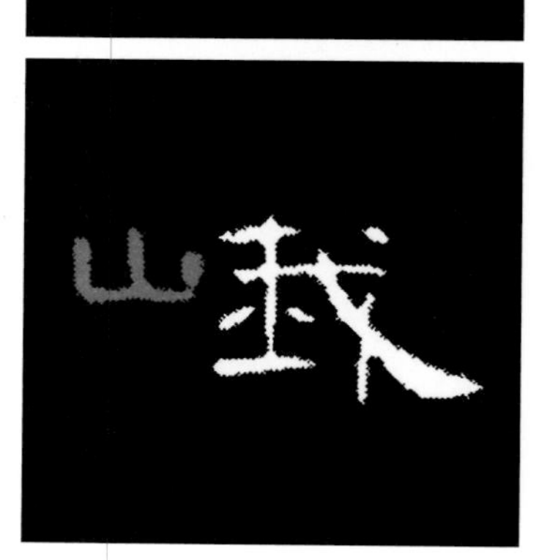

子字旁

上部小而紧凑，下部长而舒展，提笔略平，钩画收笔或方或圆。

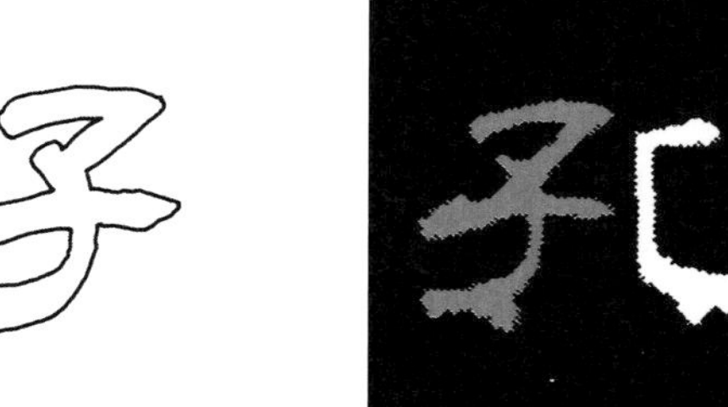

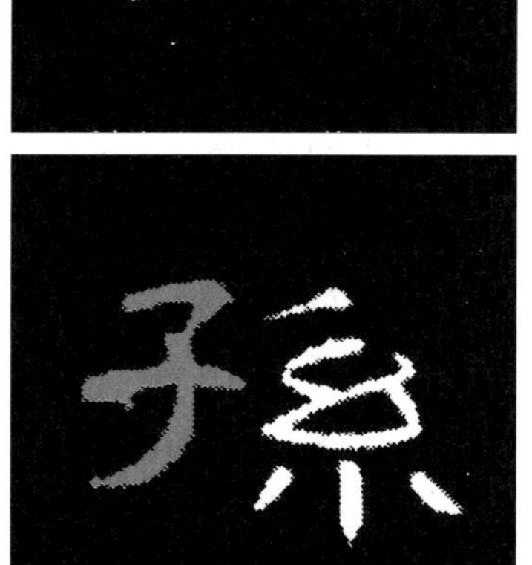

火字旁

两点齐平；撇画上端直，下部向左弯；末点向右下斜，略长。

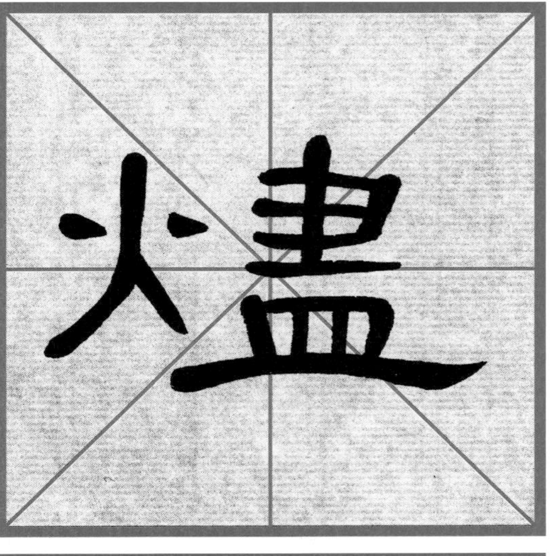

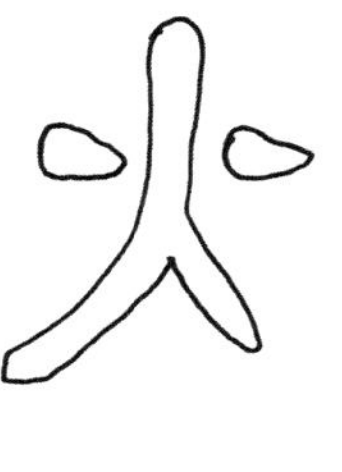
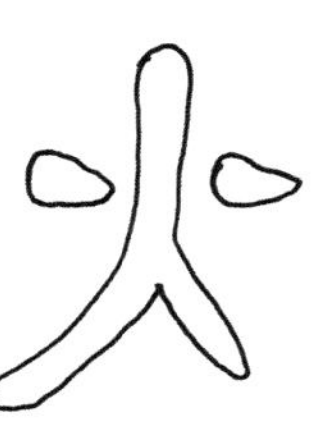
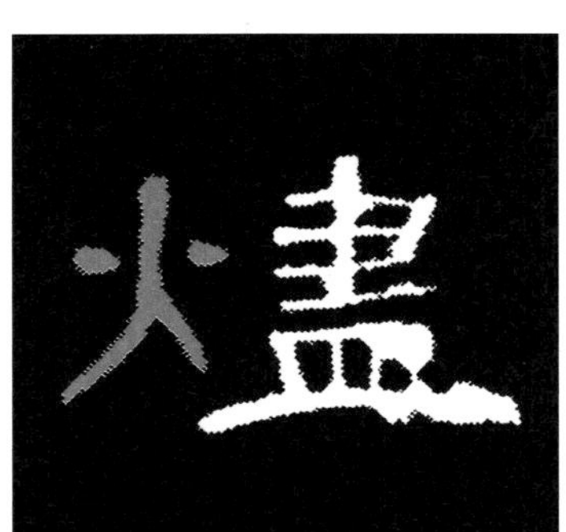
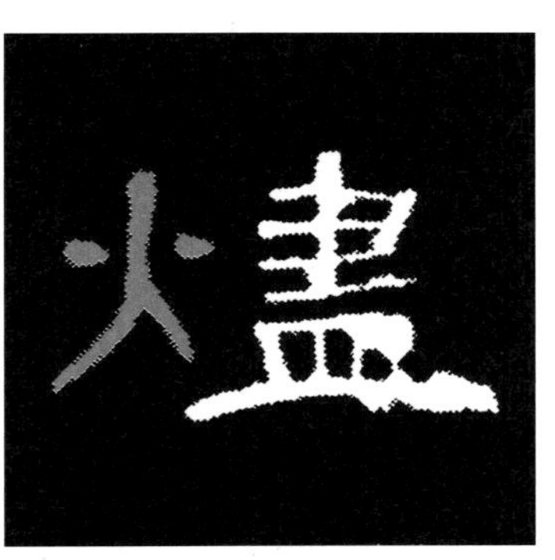
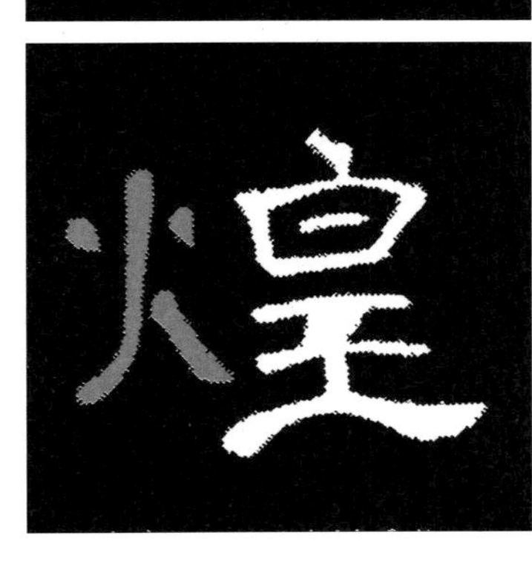

日字旁

以斜取势，也可在『日』字里多写一横，如『明』字。

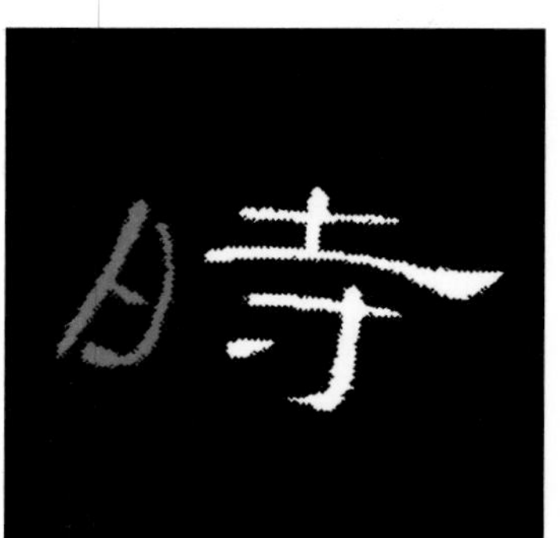

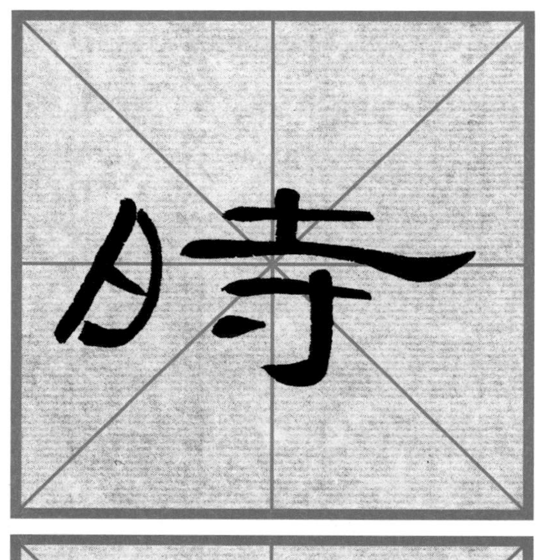

示字旁

首笔为横点，由重到轻，横略长，撇画左伸，竖画垂直，末笔向竖紧靠。

木字旁

横画平，竖画直，撇起笔轻，收笔重，捺画缩写成点，作避让之势。

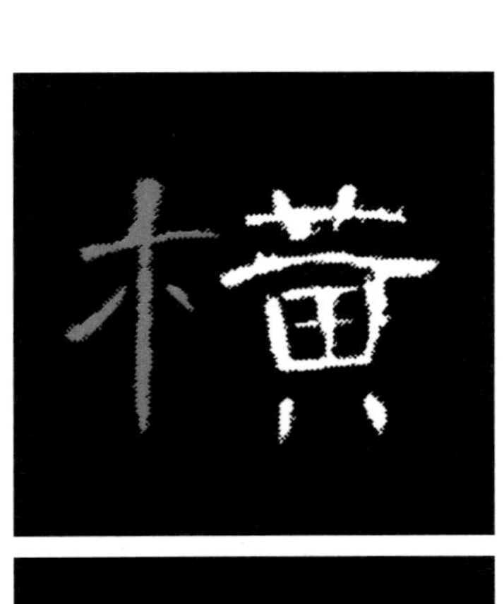

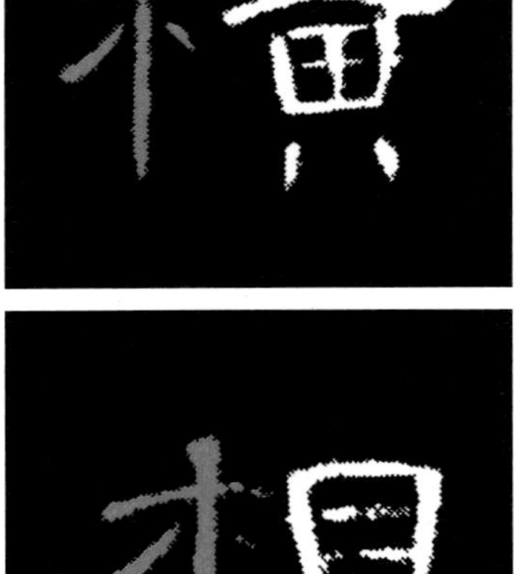

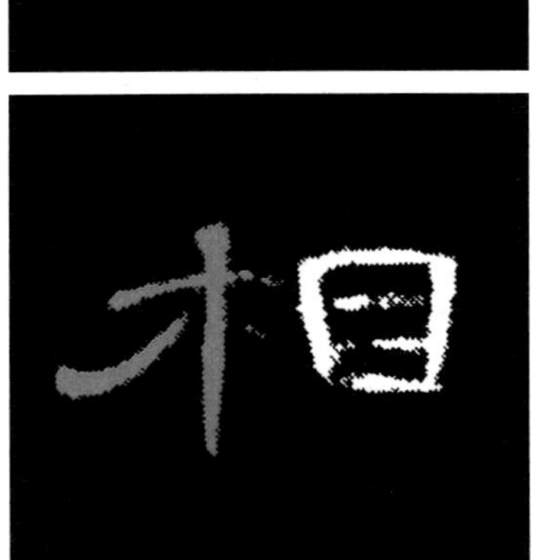

禾字旁

首撇短平并与横画平行，横画平直，竖画在横画中间偏右，长而直。

弓字旁

上紧下松，横笔短小，末笔突出，向左舒展。

言字旁

首笔横点短小平直，与三横画间距基本相等。横画略长，口部略小，形宽扁。

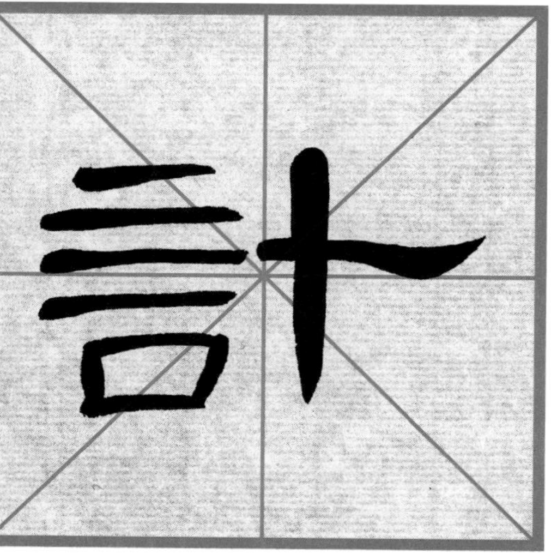

车字旁

形直窄。横画间距基本相等，布白均匀；中竖宜长，略粗；横画宜短，平直。

金字旁

撇伸捺缩，横笔短小而平，竖画垂直，两点位置在前两横中间，勿大。

绞丝旁

两撇折上小下大，中竖略长且直，两点向上靠。整体形勿宽。

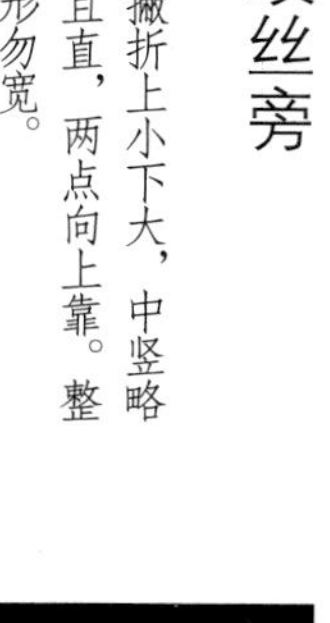

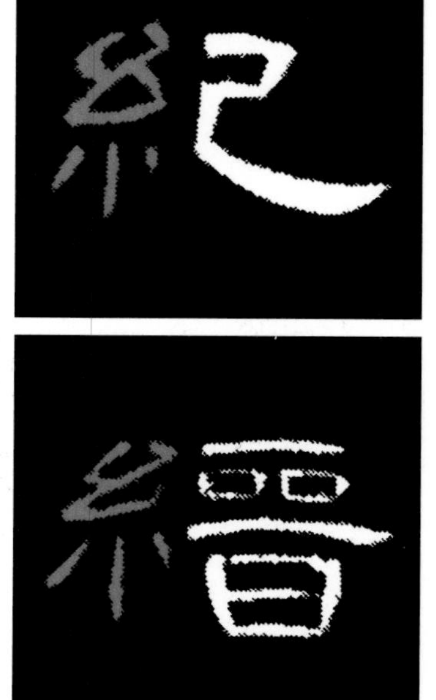

女字旁

撇折保留篆书笔法，横笔重起轻收，或平或斜。

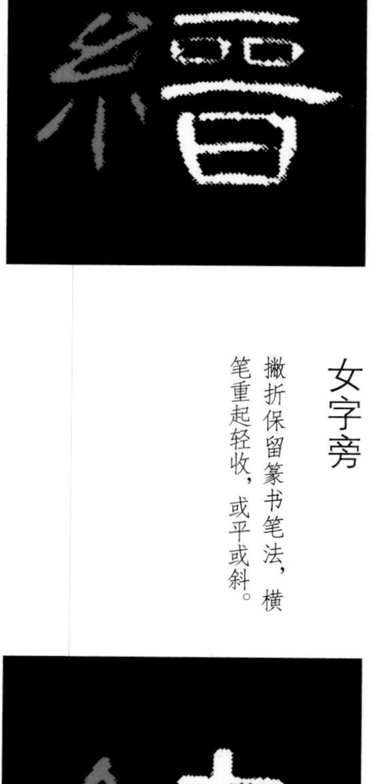

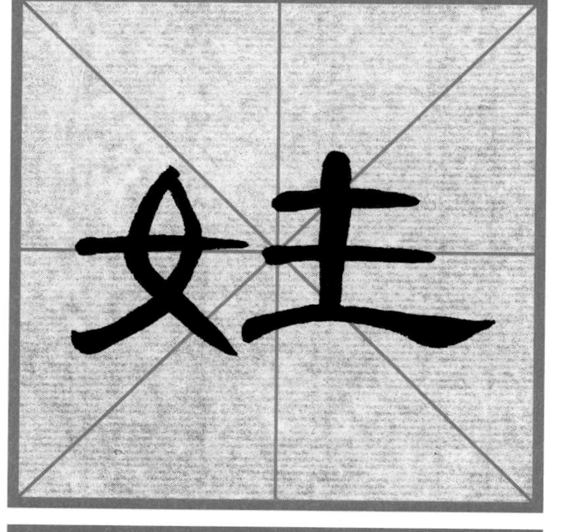

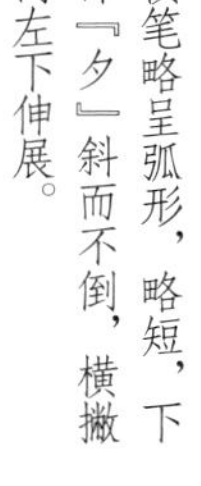

歹字旁

横笔略呈弧形，略短，下部「夕」斜而不倒，横撇向左下伸展。

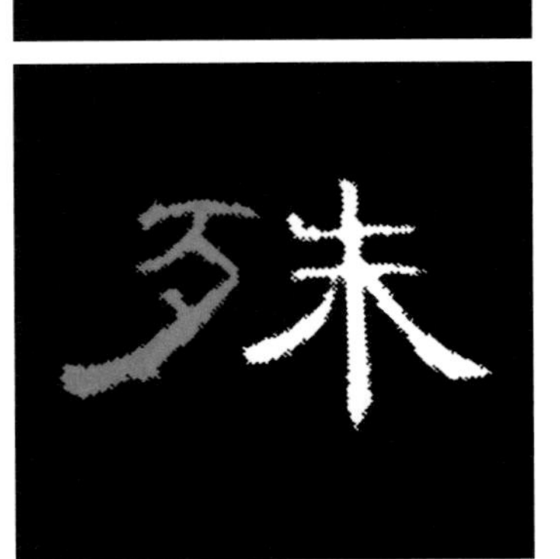

贝字旁

形窄勿宽。横短竖长，横画间距基本相等，两点略直。

月字旁

外形窄长，横画靠上，撇笔略向左伸，横折的竖画则向下伸展。

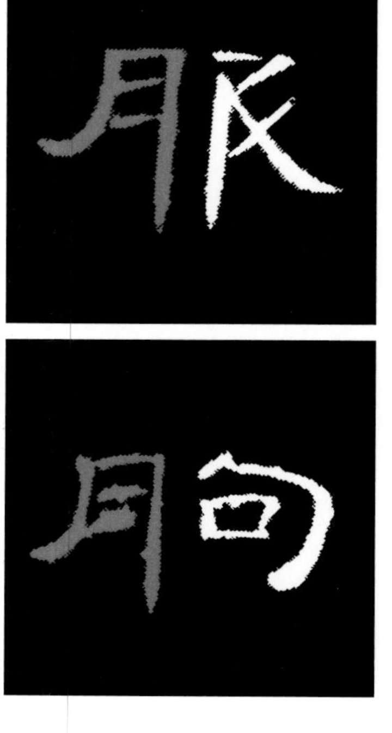

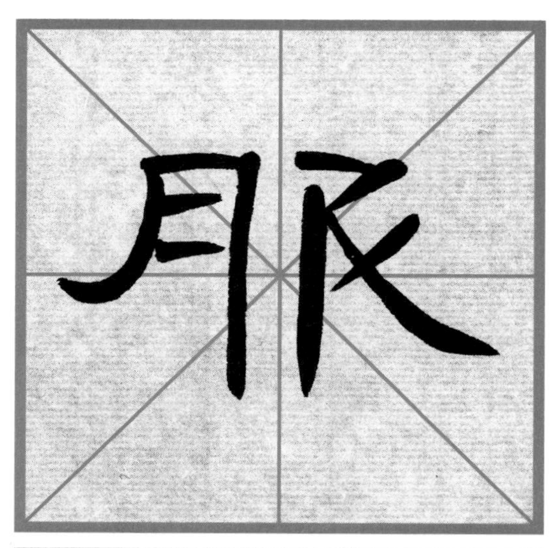

立刀旁

点画由重到轻，略向右上斜挑出锋，与竖钩相呼应。

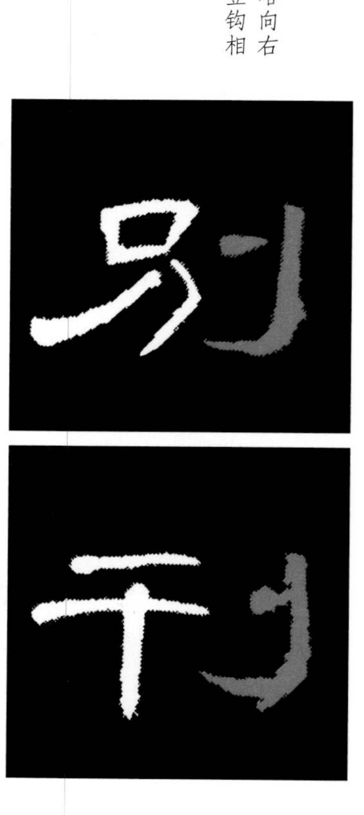

寸字旁

横画稍长，呈弧形，蚕头雁尾；竖钩穿过横画中部；点画较小。

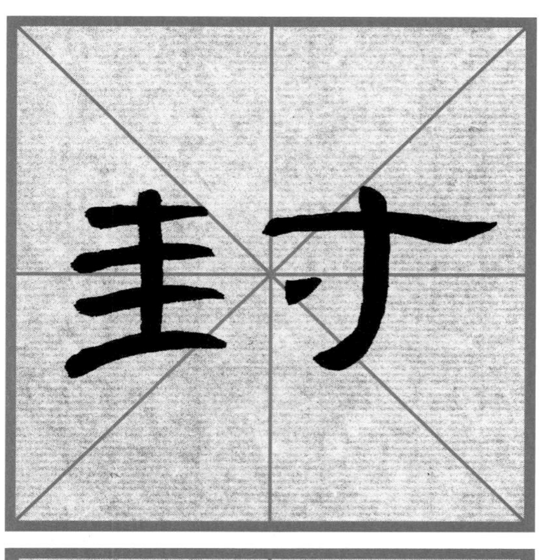

右耳旁

横撇弯钩可一笔完成，也可分成两笔书写，竖画长直，略粗。

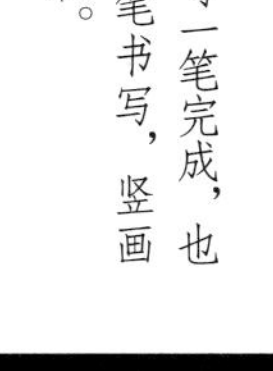

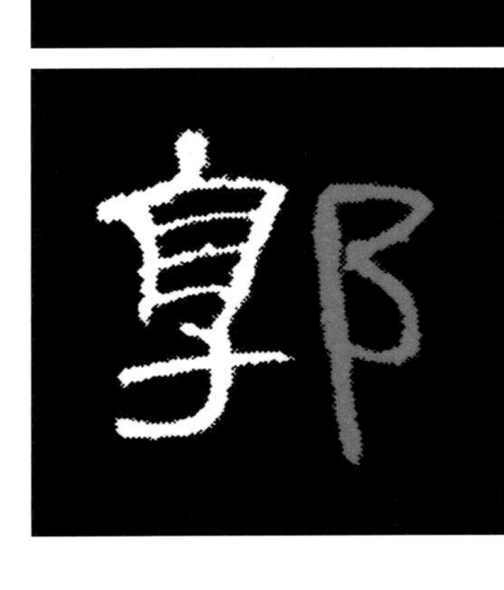

见字旁

『目』形方，横画间距基本相等，撇画收敛，钩画伸展。

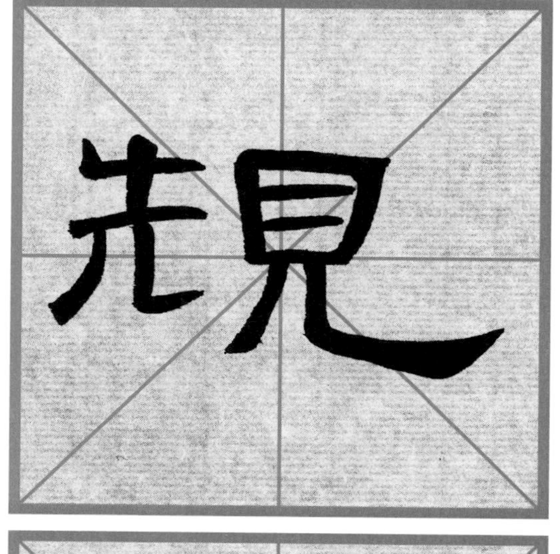

隹字旁

横平竖直，横画布白均匀，长短不同，末横向右挑出。撇笔较短，出头勿长。

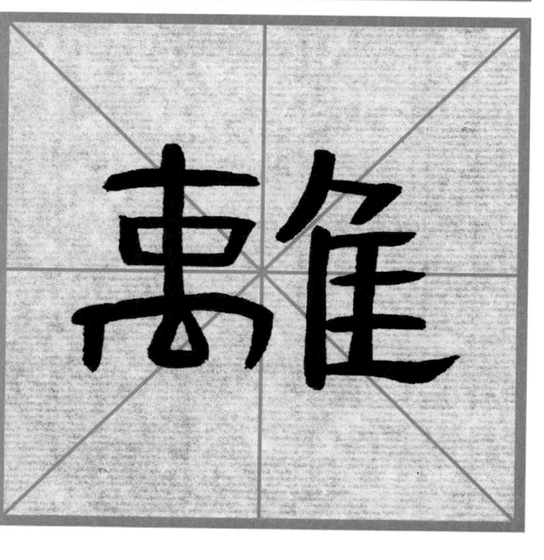

反文旁

两撇要有长短变化，首撇直而短，次撇弯而且长。捺画长而直，向右下伸展。

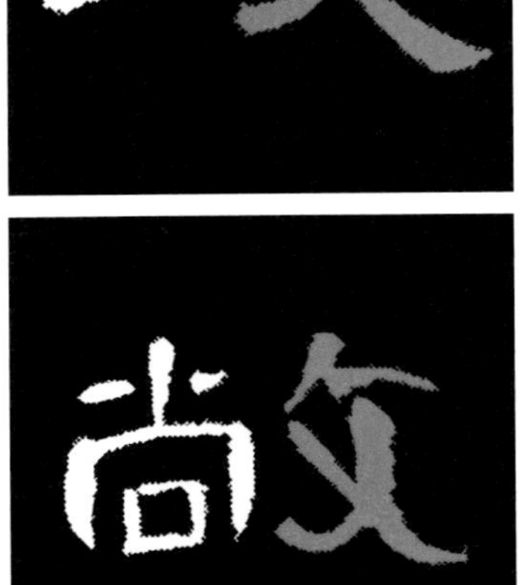
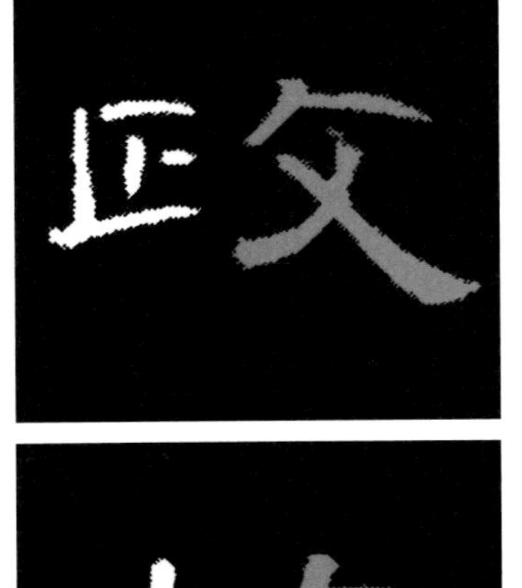

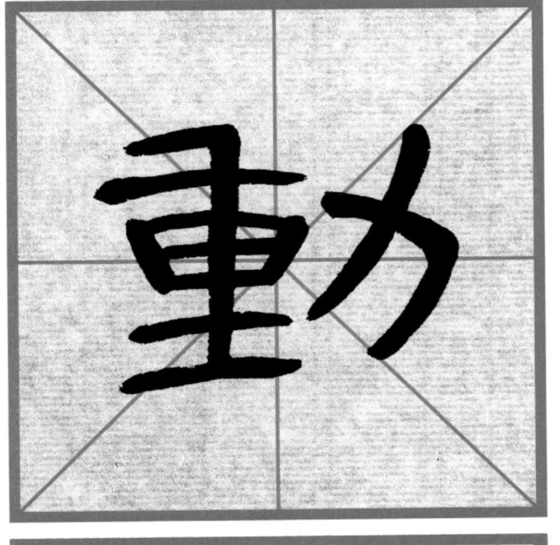

力字旁

横折向右下倾斜，撇笔或长或短，如「动」「功」等字。

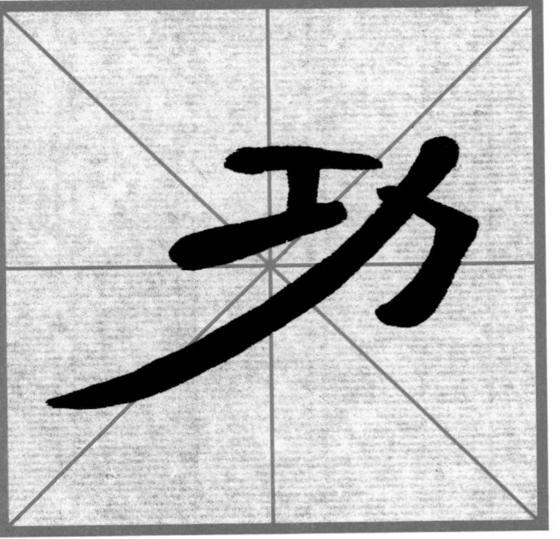
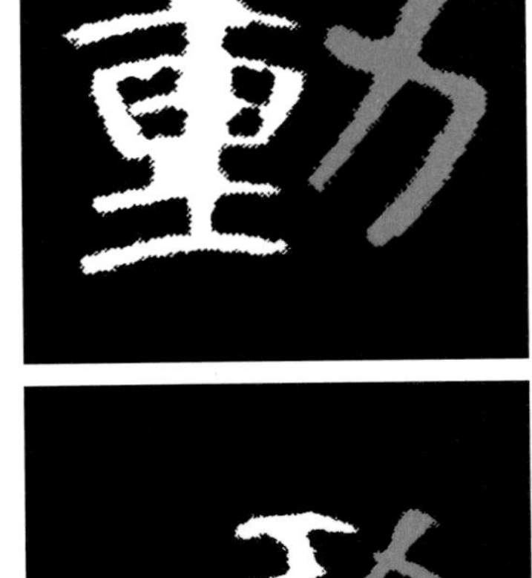

土字头

上横短，下横长，且下横中间细、两头粗。两横笔平行，竖画居中。

宝盖头

形宽扁，首点居中，左点微向内斜，横钩宜宽。

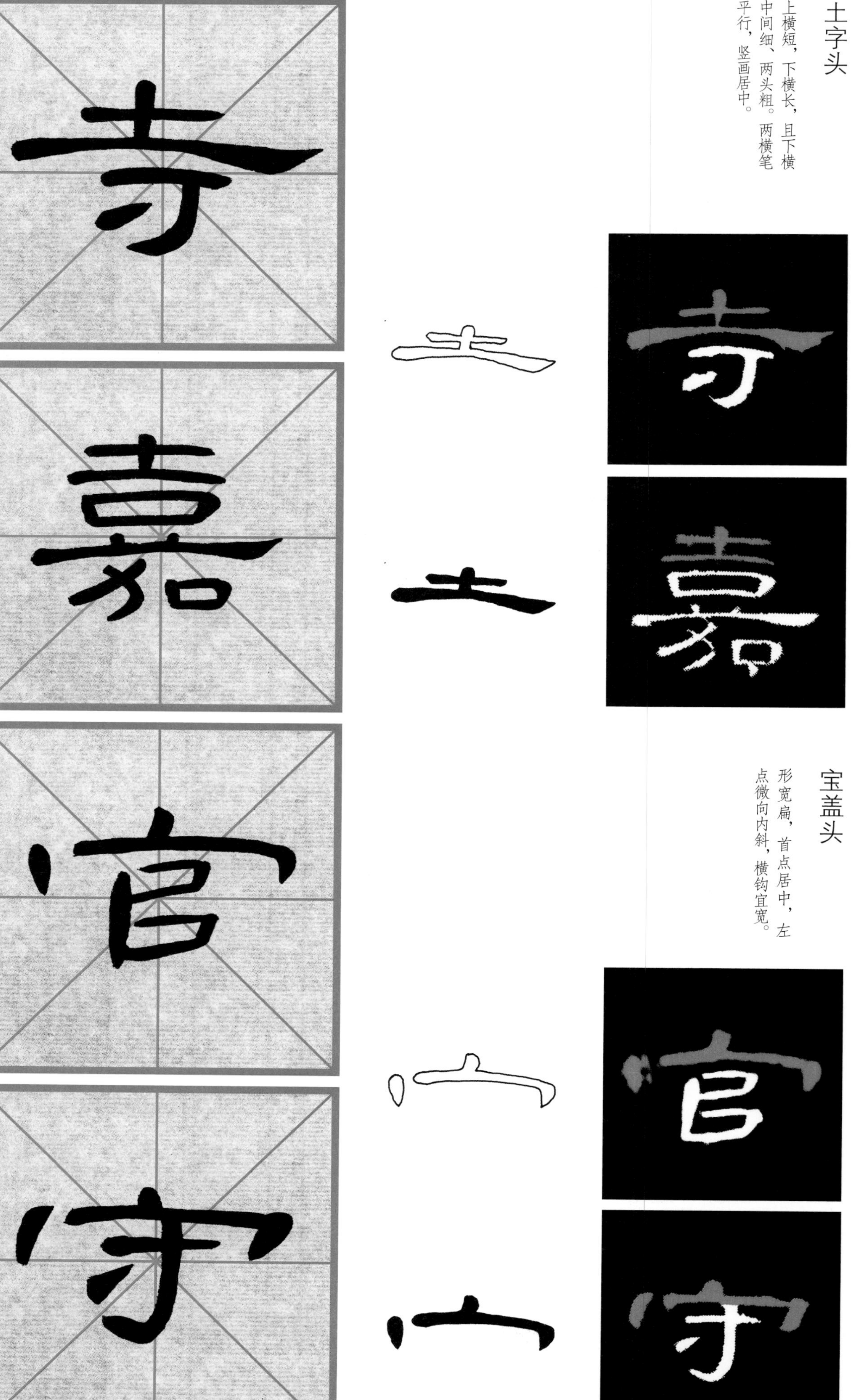

草字头

写法有两种：一种是长横上两竖点，两点勿大，横呈长弧形，起笔重，收笔轻；第二种是左右断开的写法，左右对称，横画较细，两竖点向内呼应，较粗。

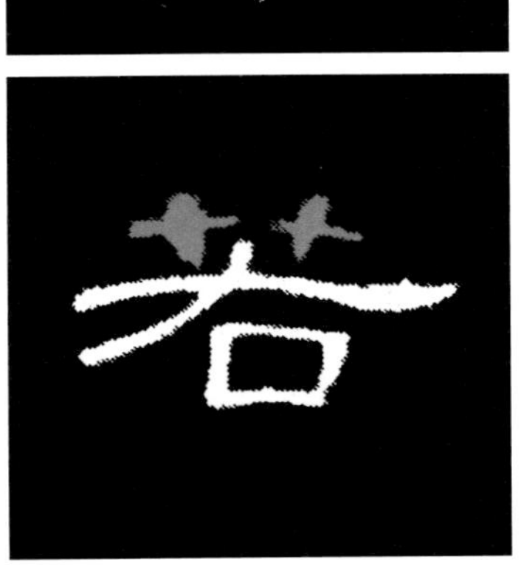
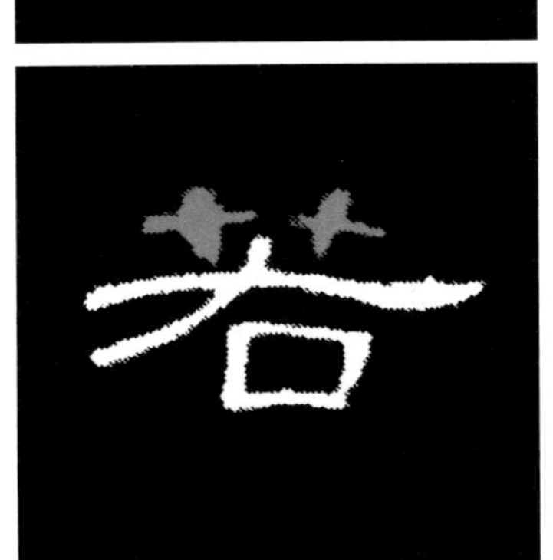
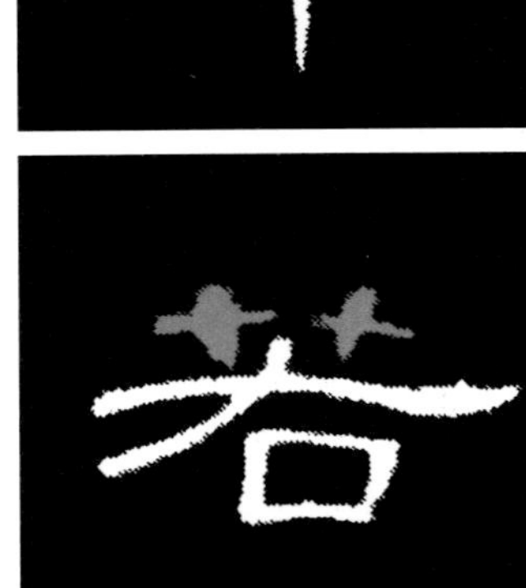

竹字头

写法与草字头的第二种写法完全相同。

人字头

撇捺纵展，整体宽扁，覆盖下部。

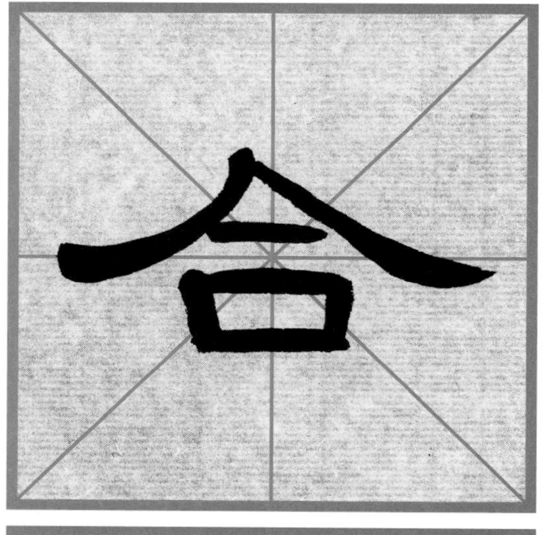

雨字头

横平竖直，竖画居中，横与横点布白均匀，四点小而灵动。

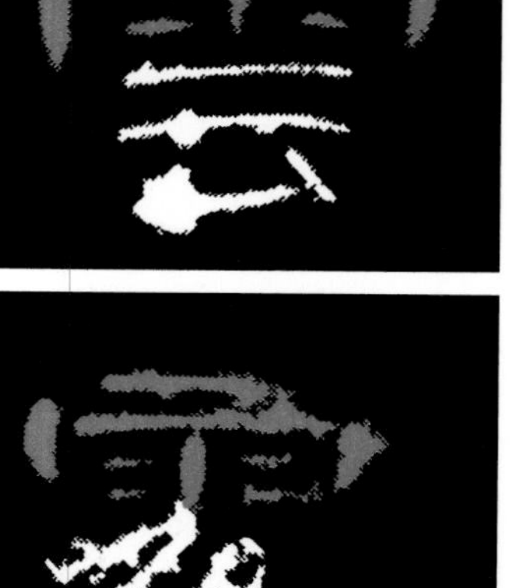

四点底

四点分布匀称，水平排列，中间两点较正，左右两点向外微斜。

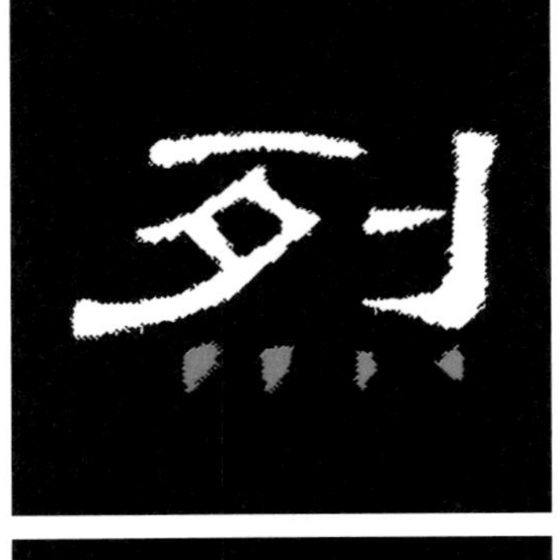

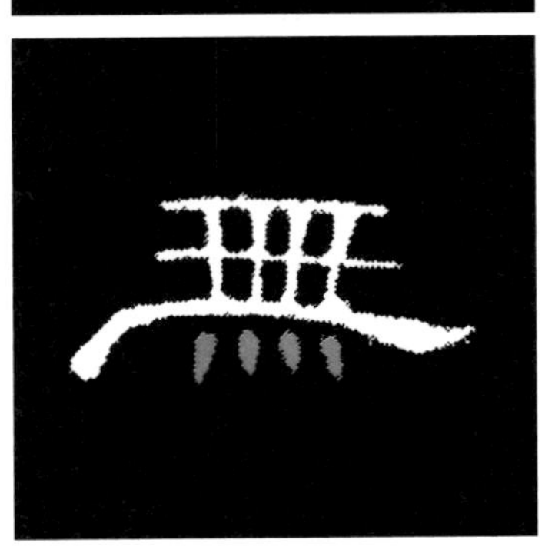

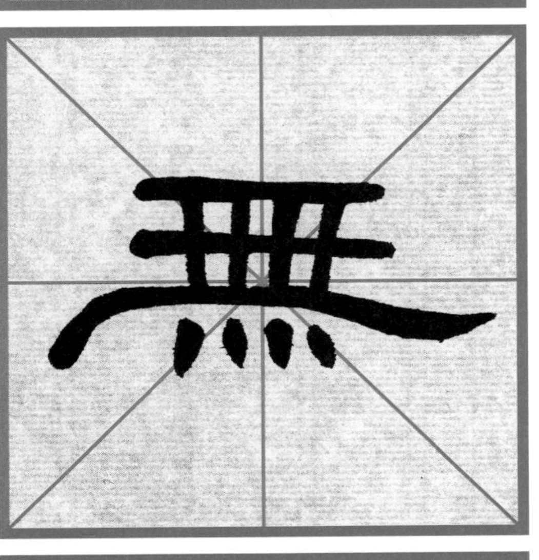

心字底

三个点形态各异，左点向左下斜，中间点相对较直，右点较平，卧钩长而舒展。

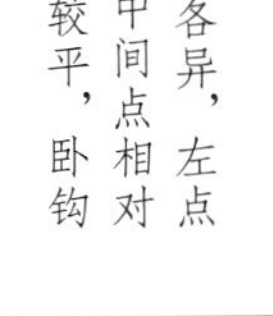
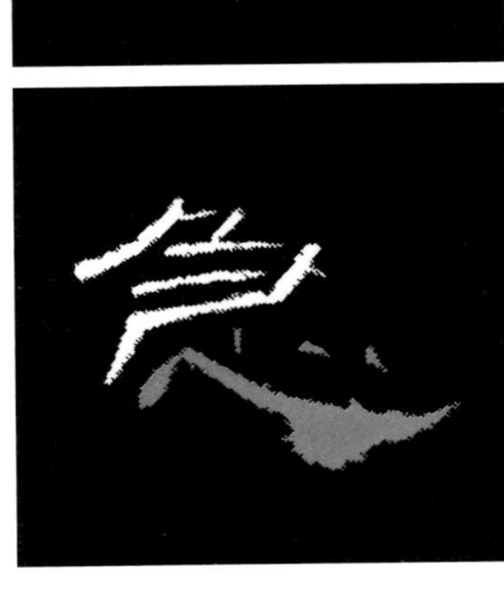
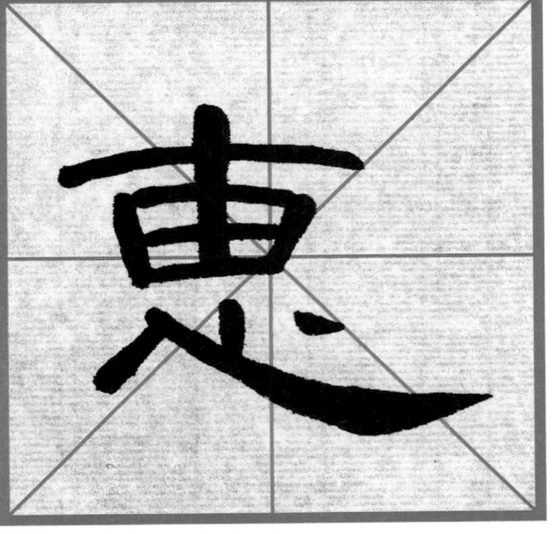

月字底

撇画用竖撇，末端向左弯，横折的竖画垂直，内两横向上靠，使其上紧下松。

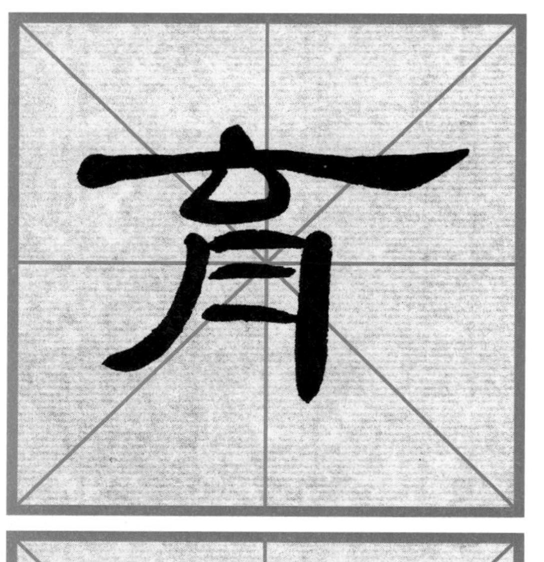

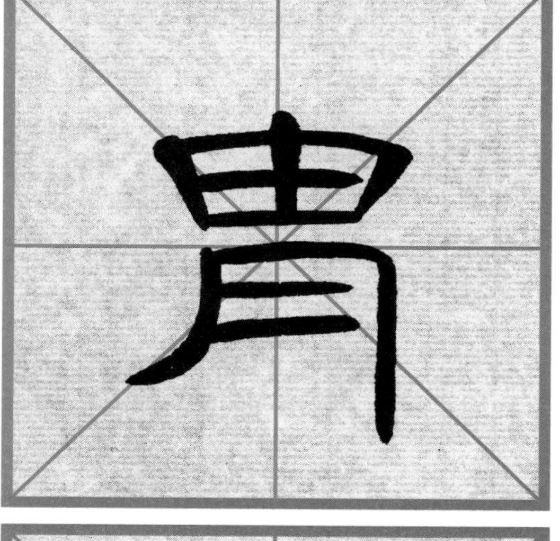

贝字底

横平竖直，四横布白匀称，两点呈『八』字形，整体勿宽。

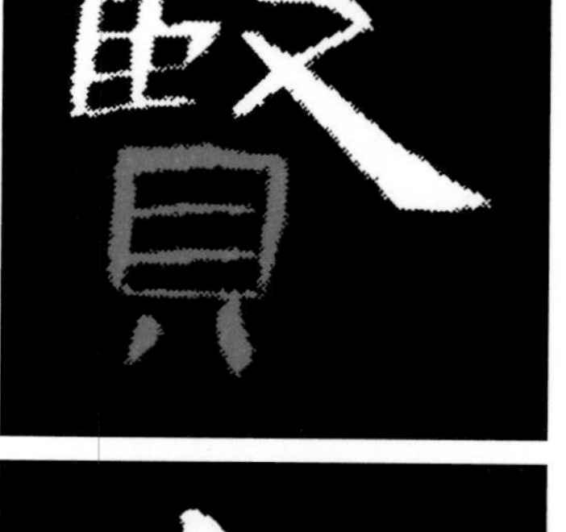

子字底

横撇勿大，弯钩或收或放，如：『孝』字钩画宜短，『李』字钩画向左伸展。

女字底

横画左右伸展，略平，靠上。左右撇折关系要有动势。

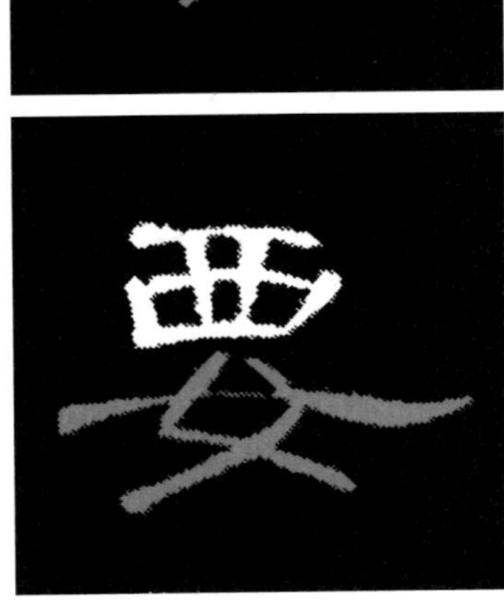

广字头

首点勿大，在横画中间，横画平直，撇画先直后弯，勿高。

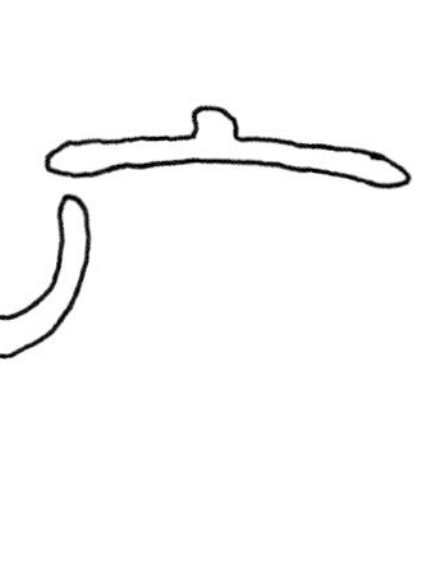

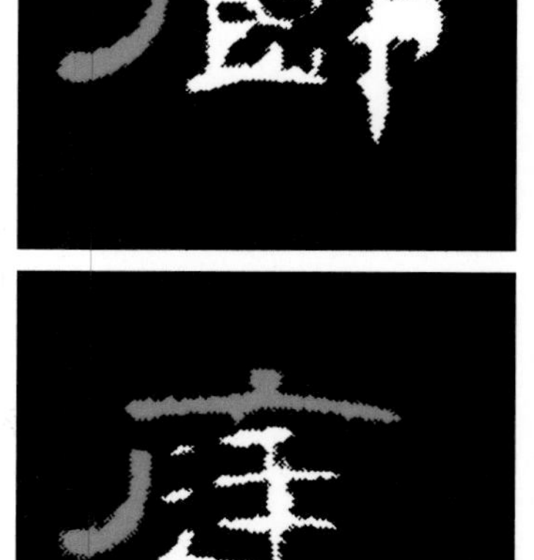

病字旁

首点在横画中间，横略呈弧形，撇前段直，微斜，末端向左，最后两点靠上。

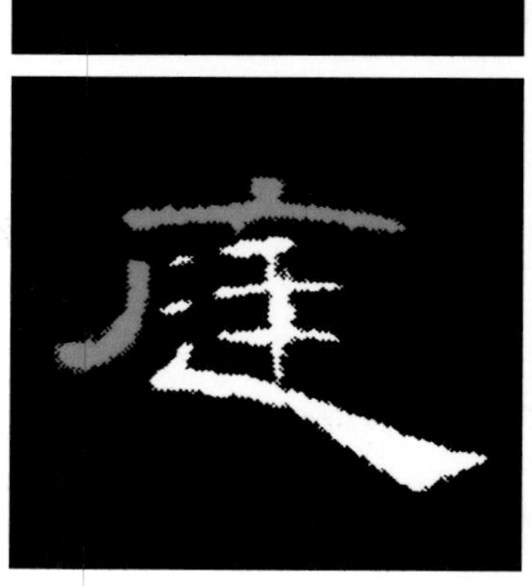
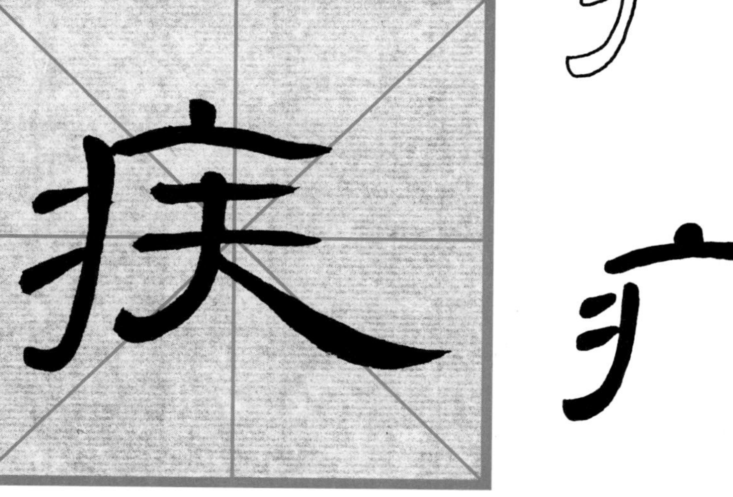
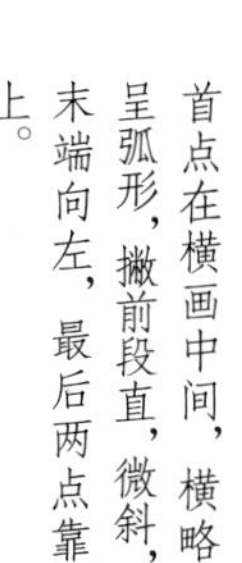
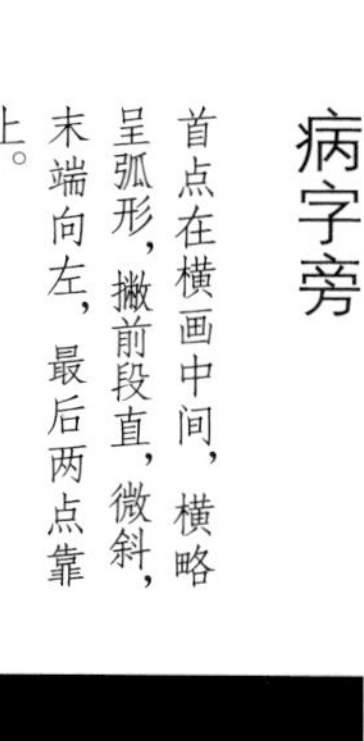
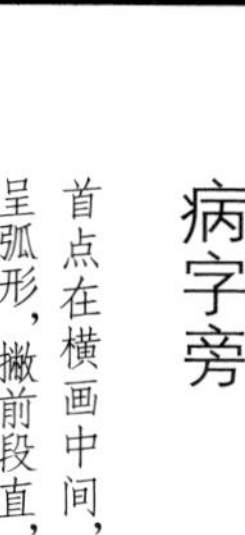

尸字头

两横间距勿大，横折要小，撇画长，向左下伸展。

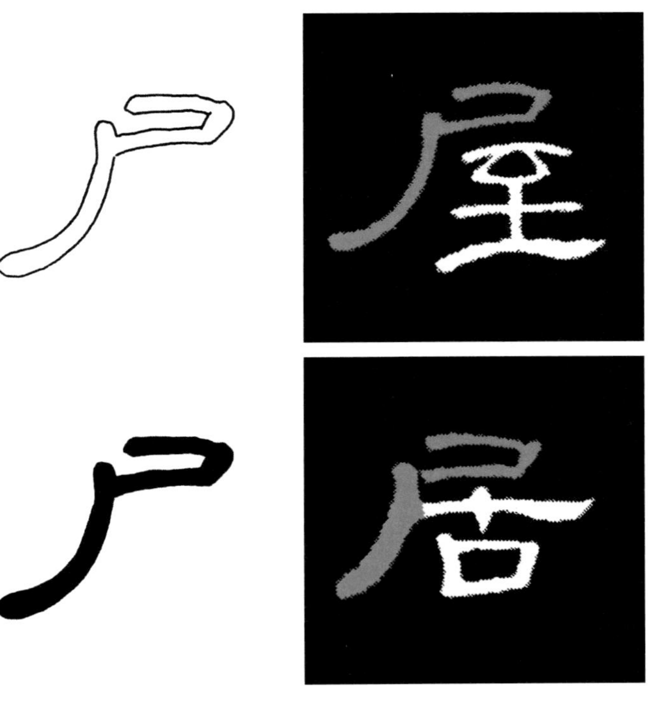

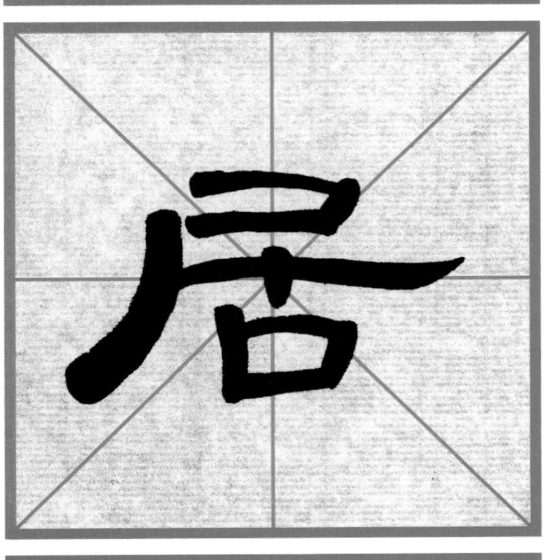

走之

点宜小，形态各异，捺画向右下伸展，略斜。

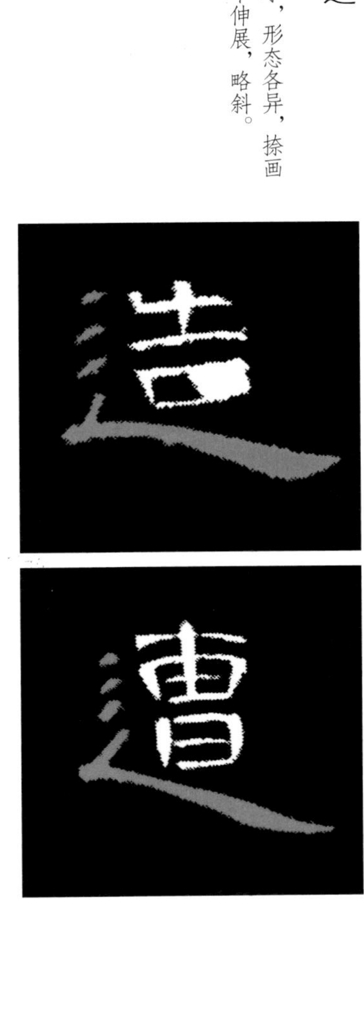

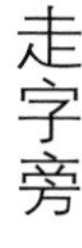

走字旁

常见有两种写法，如：『起』字，捺笔左收，短小；『赴』字，捺笔长而舒展。

同字框

整个字型上窄下宽。竖撇先粗后细，有弧度。横折竖：横细，竖粗，竖画较直，先粗后细。

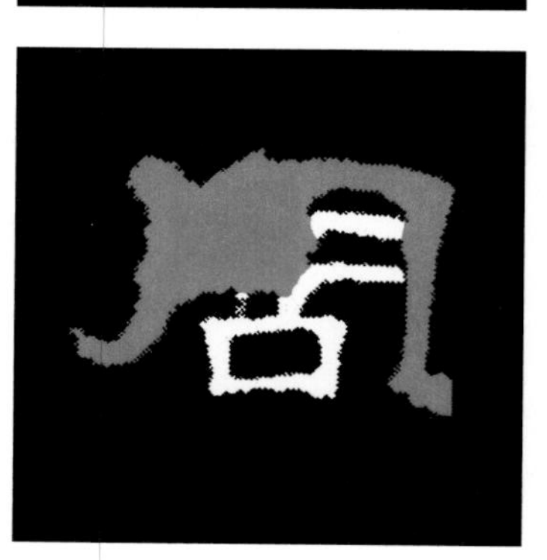

门字框

上部基本齐平，左竖末端或直或弯，右竖劲直向下。

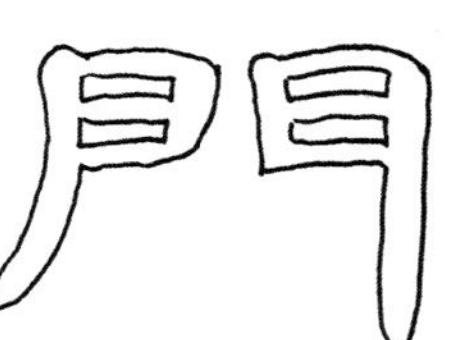

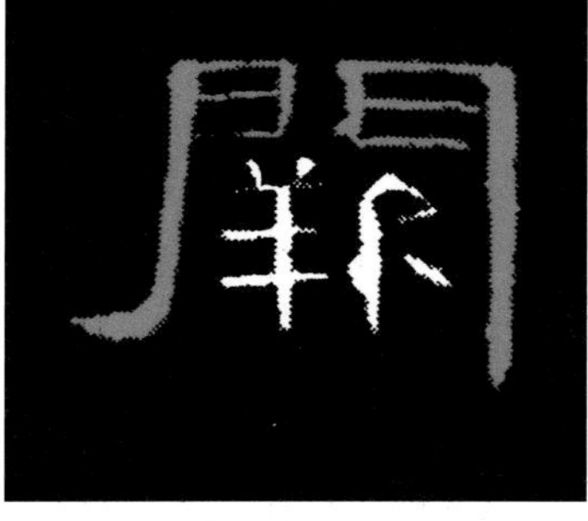

风字框

外形上窄下宽，横细微弧，撇画上段直行，收笔左弯回锋或左下直接出锋。

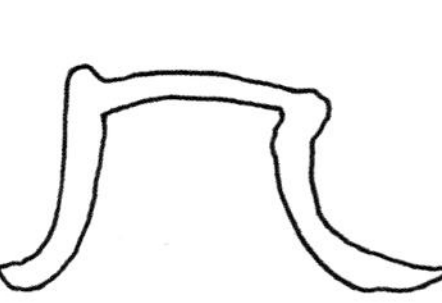

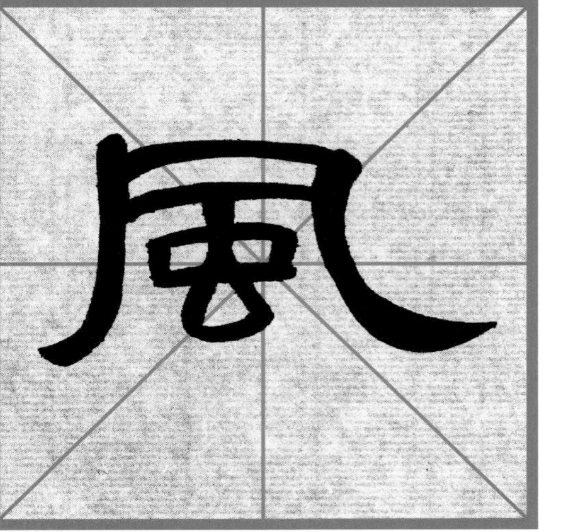

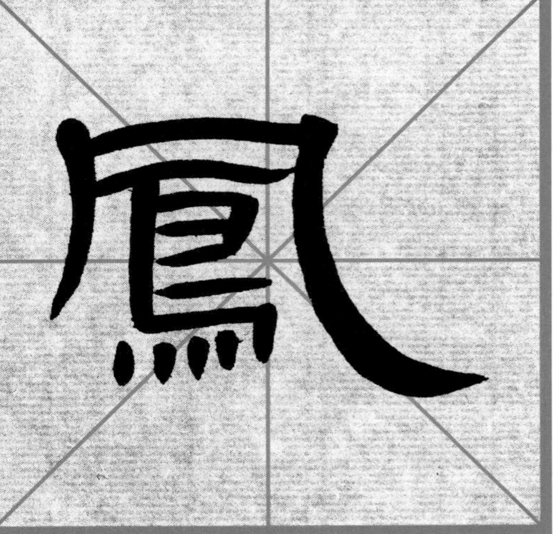

原碑

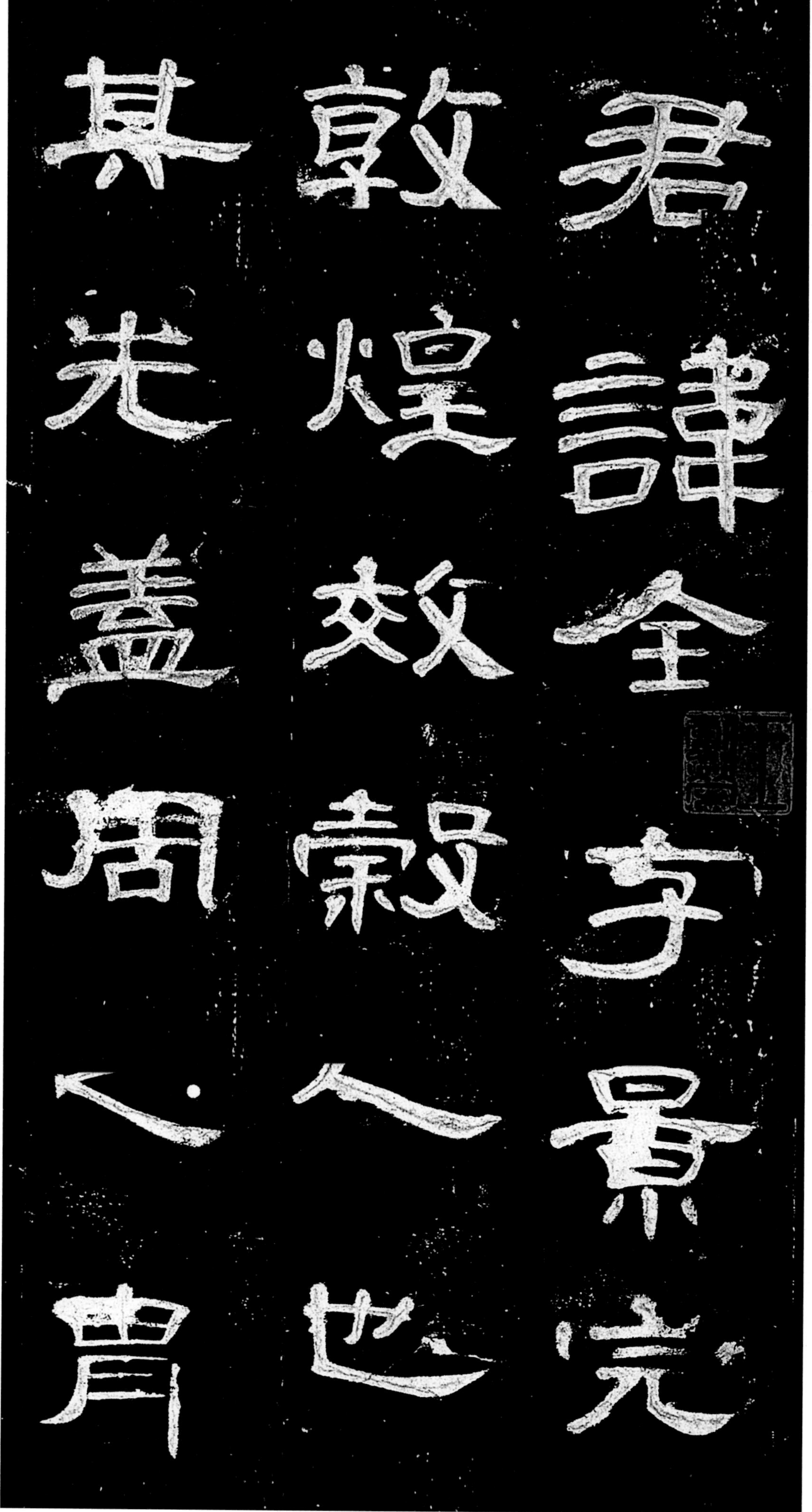

君讳全，字景完，敦煌效穀人也。其先盖周之胄，

武王秉乾之机，翦伐殷商，既定尔勋，福禄攸同，

武王秉乾之機

翦伐殷商既定

爾勳福祿攸同

封弟叔振铎于曹国，因氏焉。秦汉之际，曹参夹

辅王室，世宗廓土斥竟，子孙迁于雍州之郊，分

止右扶风，或在安定，或处武都，或居陇西，或家

敦煌枝分葉布

所在為雄君高

祖父敏舉孝廉

敦煌。枝分叶布，所在为雄。君高祖父敏，举孝廉，

武威长史，巴郡朐忍令，张掖居延都尉。曾祖父

述孝廉謁者金
城長史夏陽令
蜀郡西部都尉

述，孝廉、谒者、金城长史、夏阳令、蜀郡西部都尉。

祖父凤，孝廉、张掖属国都尉丞、右扶风隃麋侯

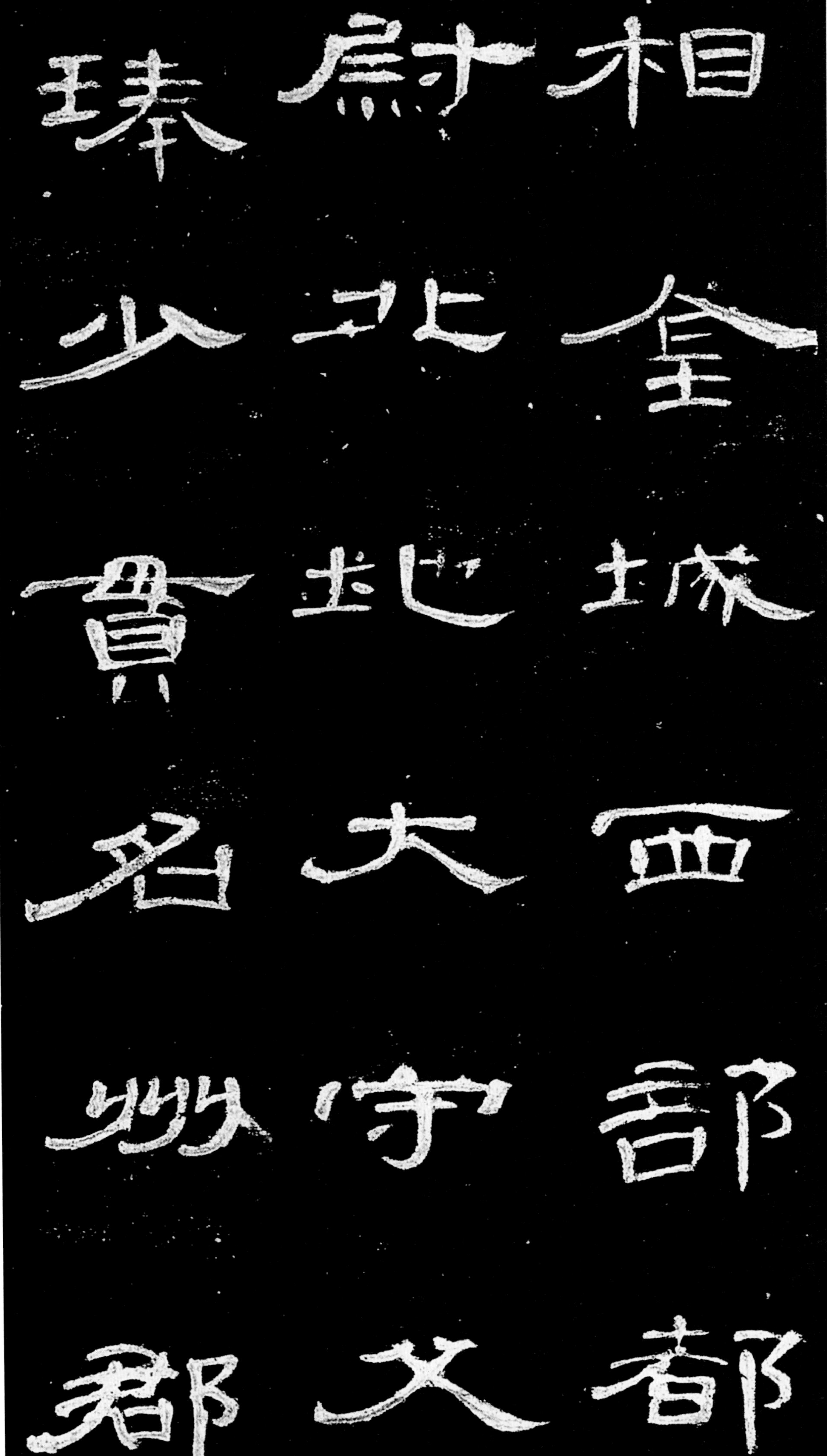

相、金城西部都尉、北地大守。父琫，少贯名州郡，

不幸早世是以
位不副德君童
齔好學甄極毖

不幸早世，是以位不副德。君童龀好学，甄极毖

緯無文不綜賢

孝之性根生於

心收養季祖母

纬，无文不综，贤孝之性，根生于心，收养季祖母，

供事繼母
先意承志
存亡之敬
禮無遺闕
是以

鄉人為之諺曰
重親致歡曹景
完易世載德不

陨其名。及其从政，清拟夷齐，直慕史鱼。历郡右

职，上计掾史，仍辟凉州，常为治中、别驾。纪纲万

里朱紫不谬，出典诸郡，弹枉纠邪，贪暴洗心，同

里朱紫不謬出

典諸郡彈枉糾

邪貪暴洗心同

僚服德，远近惮威。建宁二年举孝廉，除郎中，拜

西域戊部司馬

時疏勒國王和

德，

西域戊部司馬，時疏勒國王和德，弑父篡位，不

弑父簒位不

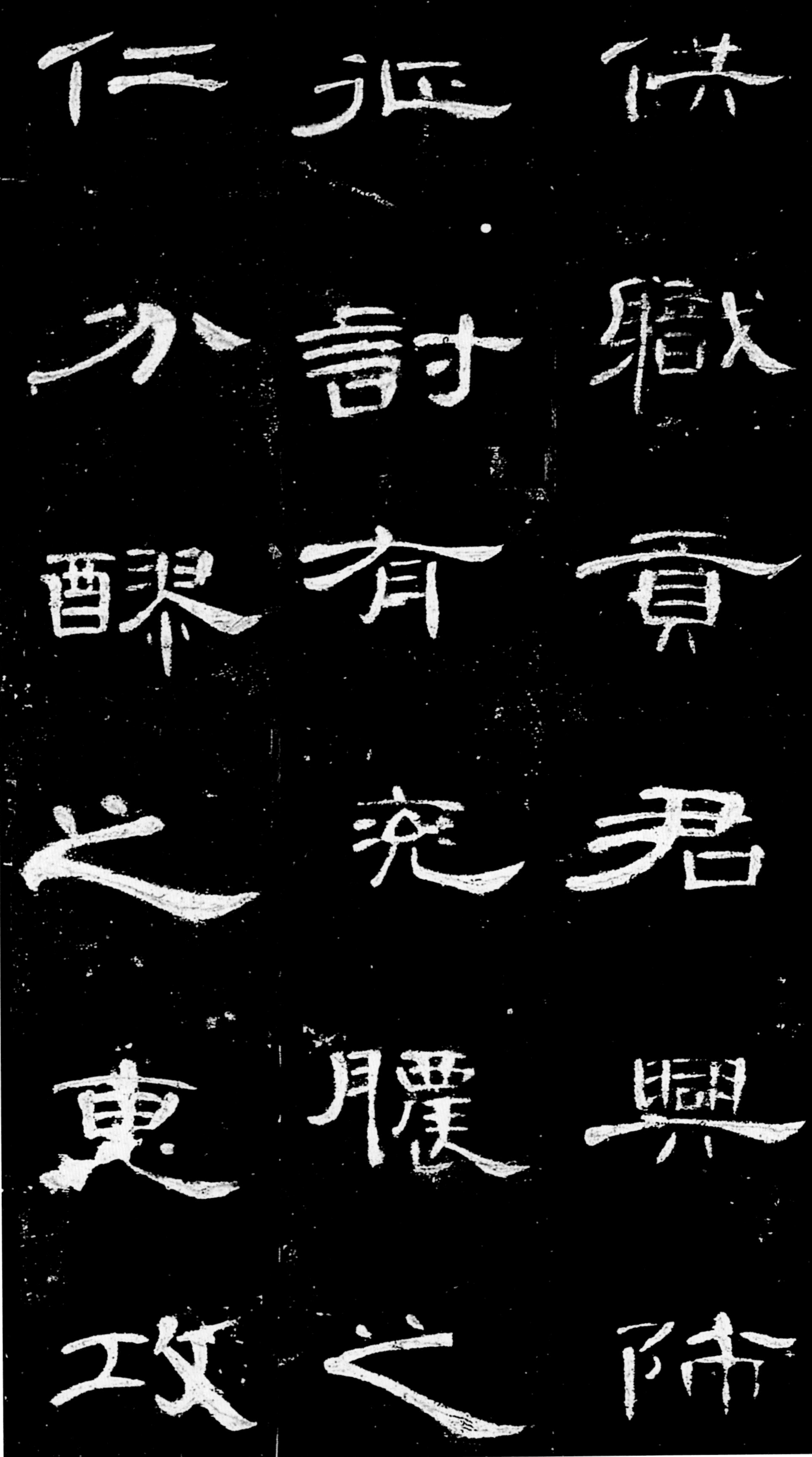

共职贡。君兴师征讨，有吮脓之仁，分醪之惠。攻

城野战，谋若涌泉，威牟诸贲，和德面缚归死。还

师振旅，诸国礼遗，且二百万，悉以薄官。迁右扶

风槐里令，遭同产弟忧，弃官。续遇禁网，潜隐家

巷七年。光和六年，复举孝廉。七年三月，除郎中，

拜酒泉禄福长　讹贼张角　起兵幽冀　兖豫荆杨

同时并动。而县民郭家等复造逆乱，燔烧城寺，

万民骚扰，人裹不安，三郡告急，羽檄仍至。于时

圣主谘諏，群僚咸曰：君哉！转拜郃阳令，收合余

燼姦爰殘迸絕
其本根遂訪故
老商量儁艾王

故王畢等恤民

之要存慰高年

撫育鰥寡以家

故王毕等，恤民之要，存慰高年，抚育鳏寡，以家

钱籴米粟 赐瘠盲。大女桃斐等 合七首药神明

錢糴米粟賜㾜
盲大女桃婓等
合七首藥神明

育，亲至离亭。部吏王皋、程横等，赋与有疾者，咸

蒙瘳悛 惠政之流 甚于置邮 百姓襁负 反者如

云。我治廧屋，市肆列陈。风雨时节，岁获丰年，农

夫织妇　百工戴恩　县　前以河平元年　遭白茅谷

水灾，害退于戌亥之间，兴造城郭。是后旧姓及

修身之士，官位不登。君乃闵缙绅之徒不济，开

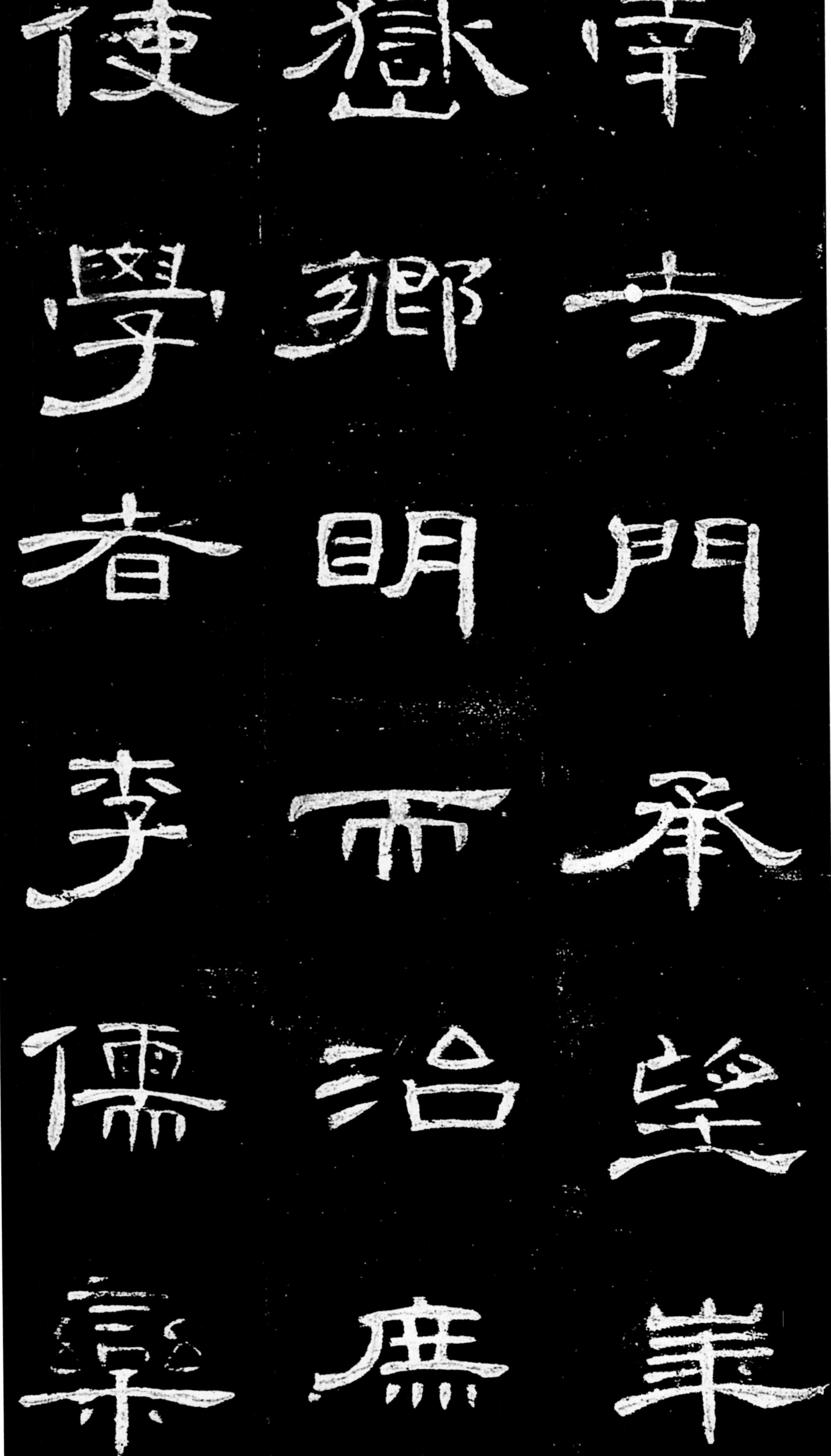

南寺门，承望华岳，乡明而治。庶使学者李儒、栾

规 程寅等 各获人爵之报。廓广听事官舍 廷曹

廓閤升降揖讓

朝覲之階費不

出民役不干時

郎阁，升降揖让朝觐之阶。费不出民，役不干时。

门下掾王敞　录事掾王毕　主簿王历　户曹掾秦

尚、功曹史王颁等，嘉慕奚斯，考甫之美，乃共刊

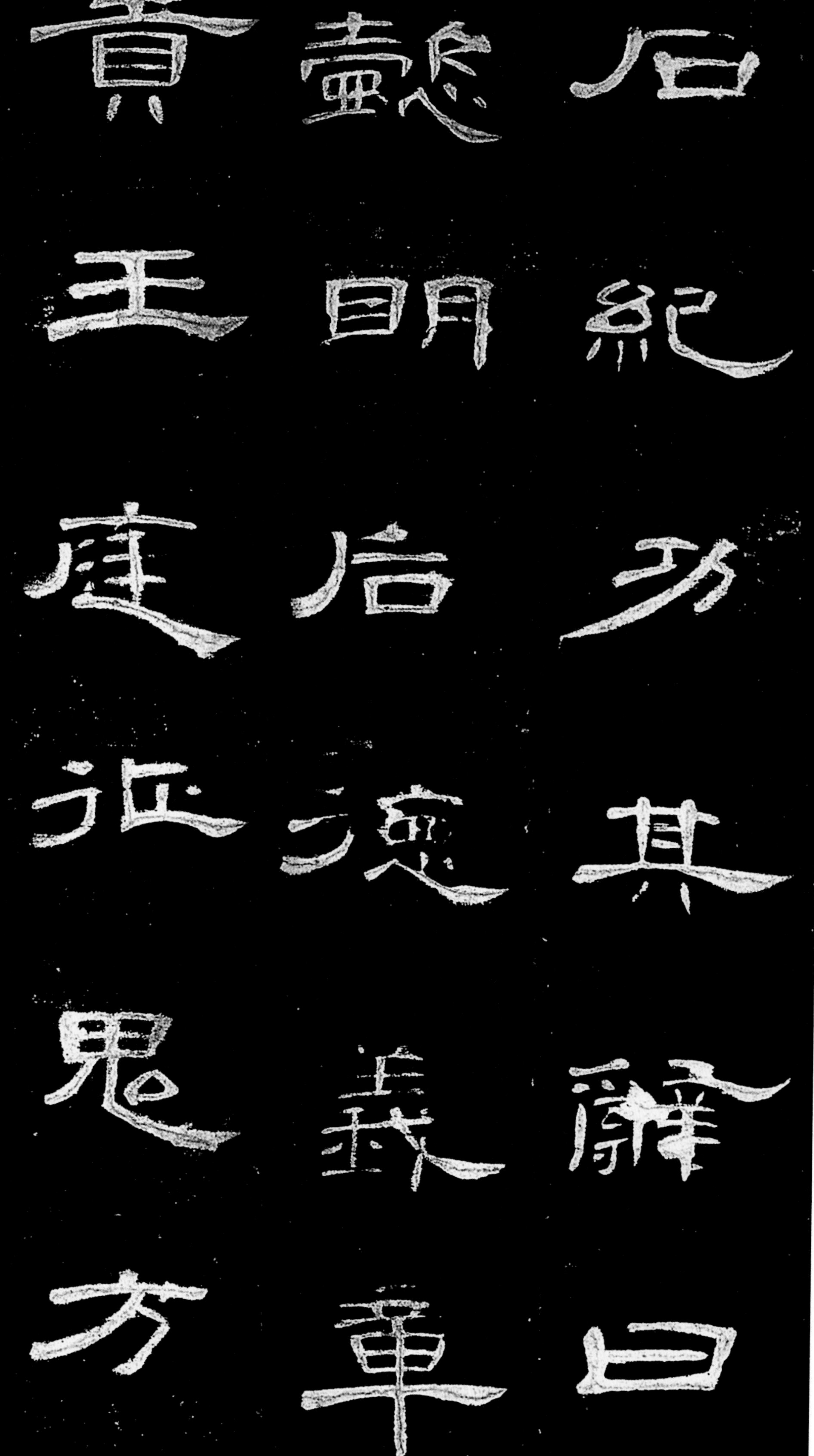

石纪功 其辞曰 懿明后 德义章 贡王庭 征鬼方

戎有烈安殊巟

還師旅臨槐里

感孔懷赴喪紀

嗟逆贼，燔城市。特受命，理残圮，芟不臣，宁黔首。

嗟逆贼燔城市
特受命理残圮
芟不臣宁黔首

繕官寺，开南门，阙嵯峨，望华山，乡明治，惠沾渥。

吏乐政，民给足。君高升，极鼎足。中平二年十月

丙辰造。